흔들리는
그대에게

흔들리는 그대에게
ⓒ 김병태, 2012

2012년 8월 6일 1쇄 찍음
2012년 8월 13일 1쇄 펴냄

지은이 | 김병태
펴낸이 | 이태준
기획 · 편집 | 김진원, 문형숙, 심장원, 이동국
디자인 | 이은혜, 최진영
마케팅 | 박상철
인쇄 · 제본 | 대정인쇄공사

펴낸곳 | 북카라반
출판등록 | 제17-332호 2002년 10월 18일
주소 | (121-839) 서울시 마포구 서교동 392-4 삼양빌딩 2층
전화 | 02-486-0385
팩스 | 02-474-1413
www.inmul.co.kr | cntbooks@gmail.com
ISBN 978-89-91945-45-6 03810
값 11,000원

북카라반은 도서출판 문화유람의 브랜드입니다.
이 저작물의 내용을 쓰고자 할 때는 저작자와 문화유람의 허락을 받아야 합니다.
파손된 책은 바꾸어 드립니다.

행복한. 삶을. 위한. 불행의. 재발견.

흔들리는 그대에게

|김병태 지음|

북 카라반

인생이란 정원과 같다. 일정한 계획에 따라 가꾸고 장식 등을 배치해 아름답게 꾸민다. 사람에 따라서는 정원이 못마땅할 수도 있다. 그러나 정원은 가꾸기 나름이다. 중요한 건 부지런하고 유능한 정원사냐, 게으르고 무능한 정원사냐다. 인생이란 비슷비슷하다. 이렇게 말하면 울화가 치밀 사람이 있을지도 모르겠다.

"당신은 나와 같은 환경에 처해보지 못했으니까 그런 말을 하지. 내가 얼마나 고달프게 살아왔는지 알아?"

다양한 사람들의 인생을 너무 섣불리 단정한 건 아닌지 한편으론 미안한 마음도 든다. 사실 우리 인생은 어떤 면에서는 극복할 수 없는 차이가 있다. 요즘은 부의 대물림이 일어나지 않는가? 성공의 쏠림현상이 일어나는 불공평한 세상이라고 해도 할 말은 없다. 그럼에도 난 다시 말하고 싶다.

"인생이란 비슷비슷하다"라고.

"웬 고집이냐"라고 말할지 모른다. 정확히 말하자면 고집이라기보다 소신이다. 사실 나 역시 인생의 고달픔을 잘 알고 있다. 가슴 아픈 실패도 경험해 보고 역경과 고통 때문에 밤길을 정처 없이 거닐어보기도 했다. 배신도 당해보고, 질병도 앓아보았다. 누구 못지않게 인생의 악성 바이러스에 시달리며 불면의 밤을 지새우기도 했다.

그러나 나는 인생을 예찬한다. 꼭 화려한 인생이 아니어도 좋다. 멋진 인생을 꿈꾸는 것으로 충분하다. 절망의 골짜기에서도 인생의 아름다움을 노래하고 싶다. 그래서 나는 항상 이렇게 외친다.

"삶을 포기할 수 없다면 차라리 즐기는 법을 배우자!"

삶을 즐기는 법을 배우면 누구나 행복해질 수 있다. 꼭 행복하고 즐거운 일이 있기 때문만은 아니다. 그런 인생이 어디 있겠는가? 성공보다는 실패가 많고 때론 희망마저 보이지 않는 게 인생이 아닌가? 하지만 그래서 행복한 삶이 더 가치 있는지도 모른다. 우리는 단지 인생의 파도를 즐기는 마음가짐만 있으면 된다. 절망 속에서 행복을 찾아내는 기술을 익히면 된다.

유명한 《자조론 Self-Help》의 저자 새뮤얼 스마일스는 말하지 않던가?

"실패는 자기 내면의 힘을 모두 끌어내도록 하고 자기 관리와 자기 수양을 더욱 강화하도록 한다. 실패는 지식과 지혜를 발전시키는 최고의 훈련이다."

내 인생은 진흙탕 속에서 질척거린다고 불평하고 앉아만 있을 순 없지 않은가? 칠흑같이 어두운 터널을 빠져나가기에는 너무 지쳤다고 낙담할 순 없지 않은가? 희망이 보이지 않던 시대에 절망을 넘어 희망을 일궈낸 현대그룹의 정주영 회장은 말한다.

"나는 생명이 있는 한 실패는 없다고 생각한다. 내가 살아 있고 건강한 한 나에게 시련은 있을지언정 실패는 없다. 낙관하자. 긍정적으로 생각하자."

폭풍우가 귀찮다고 손을 내젓지 말자. 외로운 인생에는 거친 폭풍우마저 고마운 존재이니까. 자신에게 응원의 박수를 보내며 살면 된다. 서로에게 응원단이 되어주면 된다.

    이 책은 '치유'가 필요한 당신을 상처와 배신 그리고 상실의 아픔에서 구해줄 것이다. 절망과 거절의 아픔, 실패와 질병의 늪에서 몸과 마음을 '회복'하도록 도와줄 것이다. 가야 할 길에 대한 두려움, 핸디캡에 대한 고민, 희망이 보이지 않는 절망의 나락에 빠진 당신을 '거듭나도록' 응원할 것이다.

    포기하지만 말자. 다시 한 번 더 일어날 용기를 갖자. 그리고 지금 할 수 있는 일에 밑줄을 그어보자. 흔들리는 당신에게도 행복한 삶은 기다리고 있다. 불행 속에 감춰진 행운을 발견하기만 한다면. 그곳에서 다시 시작하기만 한다면.

2012년 8월

인생 예찬가 김병태

차례

프롤로그 _004

나는 상처를 괴로워하고 세상은 상처를 예찬한다 _017

상처는 사람들을 만나고 싶은 마음을 도둑질해간다 _020

입술의 30초가 가슴의 30년이 된다 _023

살아 있다는 것은 상처받을 수 있음을 긍정하는 것이다 _025

상처에 대한 시각을 바꾸라 _027

상처는 결코 보복으로 치유되지 않는다 _032

감정을 방치하지 말고 잘 통제하라 _035

배신은 배신을 낳는다 _041
깊은 관계를 유지하기 _044
사람은 믿음보다 사랑을 원한다 _047
배신이라는 쇠사슬을 끊어라 _050
보복은 배신보다 고통스럽다 _054
사람은 변하기 마련이다 _056

마지막 말 한마디 나누지 못하고 _060
죽음이 우리의 얼굴에 그리는 그림 _062
장례식장의 평안한 죽음과 고통스러운 죽음 _066
삶이 발견한 가장 위대한 발명품 _068
내가 웃는 게 웃는 게 아니야 _072
위로란 함께 울어주는 것 _076
함부로 위로하려 들지 말라 _079
하늘의 위로가 주는 진정한 치유 _084

회복 2

절망이 인생의 특별한 사건은 아니다 _091
절망, 실패, 슬픔의 또 다른 얼굴 _098

과거에 머물러 있지 말라 _103
거절은 수치심을 느끼게 한다 _106
거절은 곧 잊힌다 _108
거절당한 자리에 남는 것은 상처가 아니라 기회다 _112
거절에 익숙해지는 방법 _118

책상 앞 공부로 얻을 수 없는 것 _122
실패하라 최대한 많이 _127
처음으로 한 부부 싸움 _131
실패는 포기할 때 확정된다 _134

질병이라는 불청객을 대하는 법 _137
받아들이는 것과 희망을 잃지 않는 것은 다르다 _143
무엇이 우리를 감사하게 하는가 _148
감정 통제하기 _152
인생을 정리하는 시간 _157

거듭나기 3

두려움

두려움이란 무엇인가 _165

인간 실존을 솔직하게 인정하라 _169

두려움은 두려움을 받아들이는 자에게 약하다 _173

인생의 변하지 않는 가치 _176

영혼을 훈련해야 한다 _181

두려움은 아무도 해치지 못한다 _184

핸디캡에 주목하는 인생을 살 것인가 _189
장점에 주목하면 인생이 달라진다 _191
콤플렉스는 우리를 일어서게 한다 _195
단점은 승패를 결정하지 못한다 _199

이 또한 지나가리라 _203
이유는 나중에 알아도 늦지 않다 _207
내가 살아갈 이유 _211
고생스러운 삶 속에 인생의 의미가 있다 _214
인생의 고도를 높이자 _217
고통을 대하는 자세 _221

치유 1

> 나는 상처를
> 괴로워하고
> 세상은 상처를
> 예찬한다

외국의 유명 대학에서 심리학 박사학위를 받은 사람이 있었다. 그는 심리상담사가 되고자 했지만 자격증을 받을 수 없었다. 이유인즉슨 너무 순탄한 인생을 살아와서 다른 사람의 마음을 잘 모르기 때문이란다. 말도 안 된다고 말할지 모르지만 사실이다. 상담자에게 찾아오는 사람들은 인생이 풍비박산 나기 직전인 상황이다. 그런데 벼랑 끝에 몰려본 경험도 없는 사람이 그런 사람의 마음을 제대로 이해하고 상담해줄 수 있겠느냐는 것이다.

그렇게 보면 인생에서 겪는 상처가 우리를 고통스럽게 하기는 하지만 그렇다고 불필요한 것은 아니다. 오히려 상처는 우리 인생을 더욱 풍성하게

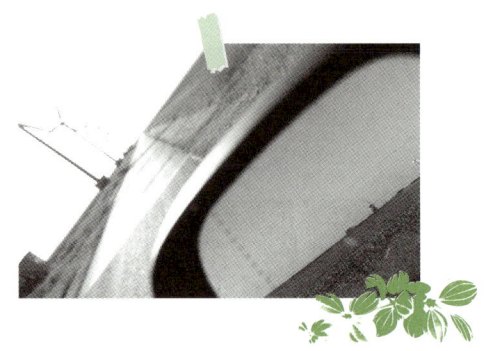

하는 크나큰 자원으로 활용될 수도 있다. 문제는 상처 앞에 서 있는 우리의 마음과 태도다. 혹시 깊은 상처의 늪에서 오래도록 허우적거리고 있다면 훌훌 털고 일어나라. 상처를 향해 대항하면 상처는 오히려 움츠러든다. 그러나 상처를 두려워하고 피하면 상처는 머지않아 당신의 마음과 인생을 송두리째 집어삼키고 말 것이다.

어떤 사람으로부터 자존심이 망가진 사람이 있다. 그는 분한 마음을 견딜 수 없었다. 잊고 싶지만 쉽사리 잊히지 않았다. 얼굴을 마주치는 것도 싫다. 쳐다보고 있노라면 역겹다. 그래도 조직 속에서 어떻게 하겠는가? 그 조직 속에서 이탈하지 않는 한 그를 쳐다볼 수밖에 없다. 그러자니 얼마나 힘든가? 이래서는 안 되는데 하면서 자신을 책망해보지만 머리만큼 가슴이 따라주지 않는다.

그가 하는 일은 다 싫다. 일이 잘 진행되는 것도 짜증 난다. 그래서 은근히 일이 실패하기를 바란다. 잘될 성싶으면 의도적으로 반대하고 브레이크를 건다. 사람들을 만날 때마다 그에 대한 좋지 않은 소문을 퍼뜨리거나 아무것도 아닌 일도 크게 부풀려서 험담거리로 삼는다. 나중에는 없는 일까지 만들어서 나쁜 소문을 퍼뜨린다. 그러는 동안 자신은 점점 조직과 사람들로부터 멀어져갔고, 결국 조직에서 견딜 수가 없게 되었다. 자그마한 상처가 한 사람의 인생을 송두리째 삼키고 만 것이다.

상처는 사람들을 만나고 싶은 마음을 도둑질해간다

비난을 받으면 당당하던 자신감도 빼앗긴다. 밥맛도 없어지고 어울리고 싶은 욕망도 사라진다. 점심시간이면 동료와 어울려 식당에 내려갔는데 이제는 이런저런 핑계를 둘러대면서 피하게 된다. 그냥 혼자 있고 싶다. 점점 외로워진다. 그러니 직장 생활을 어떻게 유지하겠는가? 직장 생활을 그만두고 나니 '내가 왜 살아야 하는가?' 인생에 대한 회의도 든다.

내 몸에는 이곳저곳 상처가 있다. 머리에는 정수리에서 0.5센티미터 벗이난 자리에 움푹 들어간 자국이 있다. 어릴 적에 친구기 우물을 판다고 곡괭이질을 하는데 머리를 잘못 내밀었다가 곡괭이에 다친 자국이다. 다리에도 큰 흉디가 있다. 소에게 먹일 여물을 준비하려고 낫질을 하다가 다리를

벤 자국이다. 새끼손가락 끝마디 부분에도 큰 상처가 있다. 여물을 썰다가 작두에 손가락이 3분의 2 정도 잘려나갔는데 다시 봉합해서 난 상처다. 몸에 생기는 상처는 통증을 수반하지만 이내 아문다. 아물고 나면 괜찮다. 그러나 마음의 상처는 다르다. 마음에 상처가 생기면 좀처럼 치유되지 않는다. 그 골이 너무 깊어서 부작용도 매우 크다. 우선 마음이 위축되니 삶에 대한 의욕이 생길 리 만무하다.

    상처는 치유되어야 한다. 몸에 난 상처가 치유되지 않으면 고름이 생기고 썩어 냄새가 난다. 마음의 상처도 마찬가지다. 치유되지 않으면 마음에 원한이 쌓이고 자꾸 남을 탓하며 살게 된다. 인생을 보는 시각이 어두워져 밝은 면을 보지 못하게 된다. 상처 때문에 신경이 날카로워져서 남에게 상처를 주는 인생을 살게 된다.

"상처받는 것은 슬픈 일이지만 상처 때문에 모두가 불행해지는 것은 아니다. 상처를 긍정하고 잘 치유한다면 오히려 상처 때문에 더욱 아름다운 인생을 살 수 있다."

이것이 상처의 신비다. 산다는 것은 상처를 주고받는 일이다. 그런 까닭에 상처가 없는 사람은 없다. 상처는 사랑 때문에 받는 경우가 많다. 사람은 사랑 때문에 상처를 받고, 상처를 준다. 그렇다고 사랑을 포기해서는 안 된다. 사랑 때문에 받은 상처는 더 큰 사랑으로 치유될 수 있기 때문이다.

> 입술의 30초가
> *가슴의*
> 30년이 된다

<u>고슴도치가 있다. 이들은 춥고 외로워서 서로 가까이 다가와 부둥켜안는다. 그런데 이내 떨어질 수밖에 없다. 왜냐하면 까칠까칠한 털을 가지고 있기 때문이다. 그래서 피투성이가 된 채로 다시 떨어져서 생활한다. 한동안은 편했다. 피도 나지 않고, 아프지도 않았다. 그런데 그렇게 살 수만은 없었다. 외로움과 추위를 잊기 위해 다시 다가가서 안았다. 역시 상처만 남을 뿐이다.</u>

이것이 인간이 살아가는 모습이 아닌가? 서로 가까이 지내다보면 어쩔 수 없이 상처를 입게 된다. 그렇다고 혼자서 살 수는 없지 않은가? 그러니 지혜로운 방법은 상처를 받을 수밖에 없는 인간 실존을 받아들이는 것이다. 너무 고통스럽게 여기지도 말고, 거기에 연연해 하지도 말아야 한다.

불행은 당연히 있을 수밖에 없는 상처에 얽매여 연연하는 우리의 태도에서 온다.

　　세상에 상처 없이 자라는 사람은 없다. 어릴 적부터 넘어지고 부딪히면서 이곳저곳을 다친다. 아무리 상처를 받지 않으려 해도 어쩔 수 없다.

　　물론 살아가면서 불필요한 상처는 만들지 말아야 한다. 왜냐하면 상처에서 오는 고통이 너무나 크고 파괴적이기 때문이다. 또한 상처로 얼룩진 공동체를 만들지 말아야 한다. 그 공동체가 겪어야 하는 아픔 역시 감당하기 어렵기 때문이다. 그리고 그 결과가 너무 비참하기 때문이다.

> 살아 있다는 것은
> 상처받을 수 있음을
> 긍정하는 것이다

<u>인생은 상처받지 않으려는 몸부림이 아니다. 나만의 안전을 꾀하려는 '이기적인 나'에 대한 저항이 필요하다. 상처는 지양止揚할 것이기도 하다. 하지만 지향志向해야 할 것이기도 하다. 왜냐하면 상처는 인생의 소중한 보물지도이기 때문이다.</u>

학교에서 꼬마 천재로 불릴 정도로 총명한 소년이 있었다. 그런데 어느 날 눈에서 피를 흘리며 집으로 돌아왔다. 부모는 깜짝 놀라 소년에게 그 이유를 물었다. 그러자 그는 "친구가 쏜 새총에 눈을 맞았어요"라고 대답했다. 결국 소년은 실명했고 그의 부모는 아들이 맹인이 되었다는 사실에 절망했다.

그러나 소년은 항상 밝은 표정으로 생활했다. 그는 절망하는 부모를 오히려 격려했다. "이제 그만 슬퍼하세요. 비록 제 눈은 기능을 잃었지만, 아직 머리는 남아 있잖아요."

소년은 그때부터 희망을 버리지 않고 열심히 점자를 익혔다. 그리고 훗날 국회의원이 되었다. 바로 영국의 교통부 장관을 지낸 헨리 포세트다.

상처를 수용하는 정도는 그 사람 마음의 용량과 정비례한다. 만약 마음의 수용력을 넓힐 수만 있다면 우리가 앓고 있는 상처는 오히려 인생을 보물섬으로 인도하는 보물지도가 될 수도 있다.

독일의 도로테 죌레 박사는 이런 말을 한다. 도둑은 두렵고 무섭다. 그래서 창문을 다 벽돌로 막아보라. 그러면 도둑은 막을 수 있다. 그 이후에는 어떻게 될까? 빛이 사라진다. 공기는 탁해지고, 생명체는 서서히 죽게 된다. 그렇기에 세상에는 창문도 필요하다. 단단한 자기 껍질에 둘러싸인 마음보다 차라리 상처를 잘 받는 마음이 낫다. 현대인은 살기 위해 강한 껍질을 선호하지만, 진짜 사는 길은 깨지기 쉬운 창을 통해 창문 너머를 보는 일이다. 깨지기 쉬운 창이라도 있어야 이웃이 보이고 하늘이 보인다.

상처에 대한 시각을 바꾸라

상처는 누구나 겪는다. 그러나 상처에 대한 내성은 각기 다르다. 상처의 크기보다는 상처에 대한 내성이 중요하다. 작은 상처에도 견디지 못하는 사람이 있는가 하면 웬만한 상처에서는 끄떡도 하지 않는 사람이 있다. 따라서 상처에 대한 시각을 바꿔야 할 필요가 있다.

왼쪽 팔이 조금 짧은 지체장애인이 있다. 그는 10년 전 중국집에서 음식 배달을 나갔다가 불의의 사고로 팔을 다치고 말았다. 이후 불편한 몸으로 살아야만 했다. 그러나 그는 불편한 왼쪽 팔을 핸들에 의지한 채 열심히 배달 일을 하며 살았다.

그런데 그의 마음을 찢어지게 하는 것이 있다. 초등학교 4학년인 딸이 이런 아빠의 모습이 창피하단다. 학년이 올라가면서 딸아이는 점점 민감한

반응을 보였다. 남들과 조금 다른 아빠 모습이 창피했다. 친구들이 아빠의 흉측한 모습을 알게 될까봐 혼자 다니는 일도 많아졌다.

어느 날 가을 운동회가 열렸다. 친구들은 가족들과 모여서 즐겁게 식사를 했다. 먹고 살기 바쁜 소녀의 부모님은 운동회에 오지 못했다. 그때 정문 쪽에서 오토바이 소리가 들렸다. 미소를 지으며 달려온 사람은 다름 아닌 소녀의 아빠였다. 모든 시선이 그에게 집중되었다. 이윽고 오토바이는 소녀 앞에 멈췄다.

"우리 공주님, 왜 아빠한테 오늘 운동회라고 알리지 않았어? 급하게 준비해 오느라 오늘도 짜장면이지 뭐니?"

아이들은 양쪽 손이 다른, 소녀의 아빠를 이상하게 쳐다봤다. 소녀는 창피한 마음에 이내 고개를 밑으로 떨어뜨리고 말았다. 부끄러워하는 딸의 모습을 본 아빠 역시 무척 당황했다.

"허허, 이런 내가 나이를 먹다보니 배달을 잘못 왔구먼. 허허."

그러고는 힘없이 돌아섰다. 그때 교장 선생님이 그를 불러 세웠다.

"지영이 아빠 맞죠? 어이쿠, 우리 학교의 말 없는 천사분이에요."

순간, 사람들은 의아한 눈으로 일제히 짜장면 배달부 아저씨를 쳐다보았다.

"얘들아! 이분이 바로 집안 형편이 어려워서 방학 기간에 굶는 학생들을 위해 매년 무료로 짜장면을 제공해주시는 분이란다. 고맙다고 인사해야지."

어리둥절해하는 사람들 속에서 멋쩍어하던 짜장면 아저씨도 용기를 내어 아이들을 향해 한마디 했다.

"허허, 보시다시피 제 손이 불편해서 속도를 낼 수가 없어요. 그래서 좀 불은 거라도 맛있게 먹어줬으면 고맙겠어요."

그 순간 학부형과 아이들은 모두 그 자리에서 일어났다. 그리고 뜨거운 기립 박수를 보냈다. 그제야 딸은 울면서 아빠 품에 안길 수 있었다.

가족을 먹여 살리기 위해 고생하다가 다친 상처였지만 그것은 아빠에게도, 감성적인 소녀에게도 상처였다. 누가 그 상처를 치유할 수 있단 말인가? 그러나 보라. 상처 자체는 변하지 않았지만 다른 시각에서 바라보는 순간 상처는 더 큰 감동을 주는 요인으로 변했다. 바로 상처의 재발견이다. 상처는 생각하기 나름이다. 우리가 어떤 시각에서 바라보느냐에 따라 상처에 대한 반응은 달라진다. 같은 상처일지라도 나의 반응과 태도에 따라 상처가 될 수도 있고 훈장이 될 수도 있다.

상처는 결코 보복으로 치유되지 않는다

당신은 용서할까 말까 망설이지만, 사실 그건 매우 거만한 생각이다. 우리에게는 용서하지 않을 권한이 없기 때문이다.

그래서 레프 니콜라예비치 톨스토이는 이렇게 말했다.

"그대에게 죄를 지은 사람이 있거든, 그가 누구이든 그것을 잊어버리고 용서하라. 그때 그대는 용서한다는 행복을 알 것이다. 우리에게 남을 책망할 수 있는 권리는 없다."

미국의 문필가 마크 트웨인은 "우리가 제비꽃을 밟으면 제비꽃은 우리 발뒤꿈치에 좋은 향기를 남긴다. 용서는 그 향기와 같다"라고 했다. 그처럼 용서는 아름다운 것이다. 용서는 축복에 이르는 가장 위대한 길이다.

영국으로부터 독립을 준비하던 인도는 종교 전쟁에 휩싸였다. 내진 중에 회교도에게 아들을 잃은 한 힌두교도가 마하트마 간디를 찾아가 물었다.

"어떻게 하면 회교도들을 용서할 수 있습니까? 하나밖에 없는 아들을 죽인 자들에 대한 미움이 마음속에 가득한데, 어떻게 하면 제가 다시 평화를 찾을 수 있을까요?"

간디는 그 남자에게 말했다.

"고아가 된 적의 아들을 입양해 자식처럼 키우십시오."

<u>상처를 용서하면 내가 살게 된다. 그러나 상처를 용서하지 않으면 자신을 먼저 살해하는 결과를 가져온다.</u> 상처 속에 갇혀 살아가는 <u>자신이 바로 가해자다. 상처를 준 사람 때문에 불행한 것이 아니라 용서하지 않는 자신 때문에 괴로운 것이다.</u>

상처를 받아 너무 힘이 든다면 당신의 상처를 감싸줄 만큼 성숙한 사람과 함께 아픈 마음을 나누라. 중요한 것은 성숙한 사람과 나누어야 한다는 사실이다. 그렇지 않은 사람과 섣불리 상처를 나누다보면 오히려 더 큰 상처를 안게 된다. 반드시 당신의 아픈 마음을 어루만져줄 수 있고, 치유의 길로 인도해줄 수 있는 사람이어야 한다.

혹시 다른 사람과 터놓고 대화를 나누다가 또 다른 상처를 받을까 걱정이 된다면 사람들을 찾아가지 말고 하나님께 나아가라. 그리고 아픈 마음을 하나님께 진솔하게 토해내라. 위로의 성령께서 당신의 아프고 상처 난 마음을 위로할 것이다. 상처를 받아본 예수님은 능히 상처로 아파하는 당신을 도우실 능력이 있다. 하나님 앞에서 눈물을 흘리면서 울라. 속이 다 시원하도록. 당신 안에 있는 감정의 쓴 뿌리가 다 사라질 때까지. 그리고 모든 상처를 하나님께 맡기라. 다시 반복해서 생각하지 말라. 만약 반복해서 생각하게 되면 당신은 그 속으로 더 깊이 빠져들게 된다. 절대 상처에서 해방될 수 없다. 상처에 대한 깊은 묵상은 당신을 상처의 노예로 예속시킬 뿐이다.

감정을 방치하지 말고 잘 통제하라

상처는 우리의 감정을 자극한다. 그리고 상처의 포학성은 우리를 공격적인 사람으로 만든다. 상처를 여러 번 받다보면 방어적이고 공격적인 사람이 되기 쉽다. 그러므로 상처를 받을 때는 감정을 잘 통제해야 한다.

감정을 고삐 풀린 망아지처럼 그냥 내버려두다보면 큰 해악을 가져오게 된다. 우리의 모든 감정은 늘 통제가 필요하다. 통제되지 않은 감정은 인생에 큰 해악을 끼친다. 지혜로운 사람은 감정을 통제할 줄 아는 사람이다.

어느 화창한 날이었다. 조개들이 바닷가에서 재미있게 놀고 있었다. 그 중 한 조개가 숨을 쉬는데 그의 몸속으로 모래알이 들어가고 말았다. 보드라운 살 속에 거칠고 딱딱한 모래알이 들어오자 진주는 살을 찌르는 통증을 느끼기 시작했다. 자연히 조개는 자신의 살을 아프게 하는 모래를 밖으로 밀어내려고 안간힘을 썼다. 그러나 그러면 그럴수록 모래는 살 속으로 더 깊이 파고들었다. 통증은 점점 더 심해졌다. 모래알은 쉽사리 몸 밖으로 나가려고 하지 않았다.

'어떻게 하지?' 고민하던 조개는 생각을 바꾸었다. 몸에서 체액을 내 모래알을 두텁게 감쌌다. 그 진액으로 모래가 자신을 찌르는 것을 막으려 했다. 조갯살 속에 들어온 이물질이 주는 상처를 이겨내기 위해 체액을 내는 기나긴 세월이 필요했다. 어느덧 자신도 모르는 사이에 모래는 영롱한 빛을 발하는 진주로 변신해 있었다.

<u>상처를 받아 고통스러울 때, 오히려 감정을 통제하여 부드럽게 대하라. 상처의 포학성에 노출되어 공격적이 될 때 우리는 실패의 길을 걸을 수밖에 없다. 진주는 거저 탄생하지 않는다. 상처의 고통을 견뎌내는 힘이 아름다운 진주를 만든다는 사실을 가슴에 새기라. 그것이 조개의 삶이나.</u>

상처를 입게 되면 누구나 분노한다. 감정이 격해지고 사고 기능에 이상

이 생기게 된다. 그럴 땐 생각을 달리해보라. 생각만 바꾸면 상처라는 것도 별것 아닐 수 있다. 그리고 상처가 오히려 내 인생에 유익한 보약이 될 수도 있다.

오래전에 아프리카 선교의 꿈을 품고 아프리카로 떠난 선교사가 있었다. 사명감에 불타는 선교사는 아무도 들어가지 않은 정글에 들어가서 선교하길 원했다. 그래서 깊은 정글로 들어갔다. 그런데 식인종에게 붙잡히고 말았다.

"오늘은 별식을 먹겠는걸. 서양 고기 맛 좀 보자고."

식인종들은 신이 났다. 큰 솥을 걸고 불을 지펴 물을 끓이기 시작했다. 그 옆에 선교사가 묶여 있었다. 식인종들이 분주하게 요리를 준비하는 모습을 물끄러미 지켜보던 선교사가 입을 열었다.

"내 고기는 서양 고기라 맛이 없어요. 만약 내 고기를 먹게 된다면, 너무 맛이 없어서 반드시 후회할 거요. 그러니 괜히 잡느라고 고생하지 말고 나를 살려두시오."

그러자 추장은 "살고 싶어서 헛소리하고 있다"라고 콧방귀를 뀌었다. 그러자 선교사가 다시 말했다.

"내 말을 정 못 믿겠다면 한번 시식을 해보시오. 내 오른쪽 종아리 살을 칼로 도려내서 맛보기로 주겠소."

추장으로서는 손해 볼 것 없었다. 그래서 선교사의 오른쪽 종아리 살을 삶아 먹어보았다. 그 고기를 맛본 추장은 인상이 찌푸려졌다.

"이게 뭐야? 웬 고기가 이렇게 질겨."

선교사의 종아리 살코기는 정말로 맛이 없었다. 그래서 추장은 부하들에게 명령했다.

"저 녀석은 못 먹겠다. 그냥 살려주어라. 대신 가방에 있는 과자나 가지고 오너라."

결국 지혜로운 선교사는 목숨을 건졌다. 그렇다면 선교사의 고기가 질기고 맛이 없었던 이유는 무엇일까? 그 선교사는 예전에 전쟁에 참여한 적이 있었다. 전쟁터에서 다리를 심하게 다쳐서 오른쪽 다리를 절단하고 의족을 끼웠던 것이다. 그 질긴 고무를 먹었으니 얼마나 맛이 없겠는가?

전쟁에서 다리를 잃은 선교사는 얼마나 힘들었을까? 그동안 불편하고 고통스러운 세월을 살아왔을 것이다. 때로는 자신의 신세를 한탄하고, 정부를 원망하기도 했을 것이다. 자신의 인생을 불행하게 만들었기 때문이다. 그처럼 아프고 불편했던 상처가 자신의 생명을 건지리라고는 꿈에도 생각하지 못했을 것이다. 한때 자신을 불행하게 만들었던 것이 이렇게 자신의 생명을 건질 줄 누가 알았겠는가?

우리에게 고난이 닥쳐올 때, 누군가에게 상처받아 괴로울 때 너무 아프고 고통스러워서 하늘이 원망스러울 때가 있다. 그렇다 하더라도 감정에 휘둘리지 말아야 한다. 통제되지 않은 감정은 당신의 인생을 파멸로 이끈다. 세월이 흐르고 나면 상처는 오히려 보약이 될 수도 있다. 당신의 아픔과 상처가 보약으로 바뀔 날을 생각하며 그냥 웃어버리고 지나가라.

배신은 배신을 낳는다

세상에 배신을 당하고 싶은 사람은 없다. 배신을 당한다는 것은 너무 서글픈 일이고 그 아픔은 쉽게 떨쳐버릴 수도 없다. 배신은 한 사람으로부터 기쁨을 빼앗아 갈 뿐만 아니라 삶의 의욕을 잃게 하는 마력을 갖고 있다. 배신을 당한 사람은 자신이 지닌 능력을 발휘하지 못하고 무기력해진다.

어려서부터 몸이 허약하고 더구나 결핵을 앓아서 일상생활을 하는 데 상당한 애로를 겪고 있는 남자가 있었다. 육체적인 질병은 그를 공부하기도 어려울 정도로 만들었다. 그러던 중 사랑하는 여자를 만나 결혼을 했다. 남편은 늦깎이 공부를 하게 되었고, 아내는 직장 다니면서 남편 뒷바라지를 해 주었다.

　어려운 형편 가운데 어느덧 아내가 임신했다. 그런데 문제가 생겼다. 남편의 병이 악화된 것이다. 병원에 입원해서 장기간 치료를 받아야 했다. 아내는 남편을 지극 정성으로 간호해주었다. 그러나 남편의 병은 나아지지 않았고 결국 아내 곁을 떠났다. 아내는 만삭이 된 채 남편의 장례를 치렀다. 남편을 잃은 미망인은 장례 후 얼마 있지 않아 예쁜 딸아이를 낳았다.

　아내는 자신과 핏덩이 아이를 두고 먼저 떠나버린 남편이 야속했다. 아니 남편에게 배신당한 느낌이었다. 퇴원한 미망인은 어느 날 시댁 식구를 불러놓고 말했다.

　"어머님 아버님, 제 인생을 이렇게 허비할 수는 없습니다. 죄송하지만

이 아이를 좀 맡아주세요."

　누가 이 여인이 가려는 길을 막겠는가? 결국 핏덩이인 아이는 할머니와 할아버지에게 맡겨졌다. 그렇게 아이를 맡기고 떠난 엄마는 아이가 스물다섯 살이 되도록 얼굴 한 번 안 내밀었고, 연락 한 번 주지 않았다. 아내는 남편에게 배신감을 느꼈는지 모르지만, 시댁 역시 며느리에게 배신감을 느꼈을 것이다. 하물며 딸이 겪은 배신은 이루 말할 수 있겠는가?

　배신은 영화나 드라마에서만 볼 수 있는 장면이 아니다. 바로 우리 곁에 도사리고 있다. 배신에는 성역이 없다. 누구나 배신의 늪에 빠질 수 있다. 자신은 안전지대에 있다고 생각하지 말고 늘 조심하며 살아야 한다. 알고 보면 나도 배신을 하고 있고 그 배신행위로 다른 사람이 아파하고 있다. 단지 내가 느끼지 못하는 드러나지 않는 배신행위일 뿐이다.

깊은
   관계를
   유지하기

사람들은 왜 이토록 깊고 아픈 상처를 주고 인생에 치명적인 오점을 남기는 배신을 하는가? 이권 때문이다. 불행히도 사람들은 입에 달면 씹고 쓰면 내뱉는다. 자신에게 뭔가 유익하다 싶으면 엉겨 붙지만 별 이득이 안 된다거나, 오히려 큰 해가 될 것 같다고 판단하면 과감하게 등을 돌리고 배신한다.

"조선이 독립하면 미국처럼 부강한 나라가 될 것이며 만일 조선 인민이 단결하지 못하고 서로 싸우거나 해치려고 하면 구라파의 폴란드라는 나라처럼 남의 종이 될 것이다. 세계사에서 두 본보기가 있는데, 미국처럼 세계 제일의 부강한 나라가 될 것이냐 아니면 폴란드 같이 망할 것이냐다. 모두가 사람 하기에 달려 있다. 조선 사람들은 미국같이 되기를 바란다."

　멋진 연설의 한 대목이다. 누가 이렇게 그럴듯한 연설을 했을까? 우리가 매국노라고 욕하는 이완용이 독립협회 위원장을 맡고 있던 시절, 독립문 건립 기념식에서 연설한 내용이다.

　이완용은 처음에는 친미파였다. 구한말 미국인 교사들이 가르치던 관립 육영공원 출신인 그는 영어도 곧잘 했다. 그래서 두 차례 주미 한국공사관에서 외교관으로 근무하기도 했다. 그러나 대세가 일본으로 기울자 그는 친일파로 변신했다. 급기야 경술국치의 주역으로 민족을 배반하고 나라를

파는 데 앞장섰다. 그가 선택한 배신은 평생 씻을 수 없는 오명을 남겼고, 그 후손들로 하여금 이 땅에서 얼굴을 들지 못하게 했다.

우리 주변에는 눈앞에 보이는 달콤한 이익만을 추구하고 신의를 헌신짝처럼 버리는 사람들이 있다. 작은 이익 때문에 자신의 이름과 자존심을 걸고 약속한 것들을 하룻밤 사이에 깨버리고 만다. 신의를 소중하게 여기는 사람은 순간적인 이익을 포기할지언정, 아니 엄청난 손해를 감수할지라도 등을 돌리지 않는다. 순간의 이익보다는 신의를 선택하라. 단기 이익에 눈이 멀어 배신을 선택할 때 장기 이익을 잃게 된다.

우리 사회는 우직하게 약속과 신의를 소중히 여기는 사람을 찾고 있다. 그런 사람이 장기적인 순이익을 올리기 때문이다. 어리석고 융통성이 없는 사람으로 치부될지라도 끝까지 약속을 지키려는 모습을 보일 때 사람 사이의 관계는 더 깊어지고 오래간다.

사람은 믿음보다 사랑을 원한다

우리가 기억할 사실이 있다. '사람은 믿음의 대상이 아니라 사랑의 대상이다'라는 것이다. 부모 형제도 믿을 수 없는 세상에 누구를 믿을 수 있단 말인가? 그렇다고 불신을 갖고 살자는 얘기는 아니고, 사람을 멀리하자는 말도 아니다. 사람을 대할 때 지나치게 믿는 어리석음을 범하지 말자는 뜻이다. 그에게 배신당했다고 너무 서러워하거나 분노하지도 말자는 것이다. 인간 자체가 믿음의 대상이 아니기 때문이다.

어떤 사람이 아는 사람을 회사에 추천해서 일자리를 알선해주었다. 그런데 언제부턴가 그 사람에게 배신감을 느꼈다. 형제보다 더 잘해주었던 사람이 자그마한 이권 때문에 배신하는 것을 보며 얼마나 억울했을까? 너무나 섭섭했다. 그의 얼굴을 보기도 싫고 말하는 것도 싫었다. 그를 생각만 해도

속이 끓어올랐다. 옆에서 목소리만 들려도 심장이 뛰었다. 그의 존재 자체가 짜증스러워서 일부러 그가 있는 자리를 빙빙 돌아서 갔다.

그러다보니 사람들 앞에서 그에 대한 섭섭한 감정을 노골적으로 표현하기 시작했다. 심지어 다른 사람들을 찾아다니면서까지 그를 혹독하게 비난했다. 그가 주도하는 일마다 문제를 제기하고 무조건 반대했다. 회의하다가 의견이 부딪치면 사람들 보는 데서 멱살잡이까지 서슴지 않았다.

얼마나 마음이 아팠으면 그렇게까지 했겠는가? 배신당한 사람의 아픔을 이해해준다고 할지라도 무언가 씁쓸한 뒷맛을 남긴다. 그는 이미 배신감이라는 감정의 노예가 된 것이다. 배신감이라는 썩은 뿌리 때문에 자신의 인생을 그르치고 있다.

우리는 자주 "믿는 도끼에 발등 찍힌다"라는 말을 한다. 사실 경험하지 말아야 할 일이다. 그런데 우리는 자주 그런 경험을 한다. 어쩌면 우리가 믿는 만큼 배신을 당할 수도 있다. 그러다보니 약삭빠른 사람들은 배신을 당하지 않기 위해 사람들과 깊은 관계를 맺지 않으려고 한다. 배신의 아픔을 겪지 않기 위해 적당한 거리를 두면서 관계를 유지하는 것이다.

하지만 그렇다고 사랑까지 거두어서는 안 된다. 사람을 믿음의 대상이 아니라 사랑의 대상으로 대할 때 배신감이라는 암초를 피할 수 있다. 사람들은 자신을 배신한 그 사람 때문에 자기 인생을 망쳤다고 생각한다. 그러나 절대 그렇지 않다. 자신을 배신한 사람이 아니라 그 사람을 대하는 자신의 생각과 태도에 의해 스스로 인생을 그르치고 있을 뿐이다.

배신이라는 쇠사슬을 끊어라

때로는 사랑에 배신을 당해 고통을 겪어야 할 때도 있다. 사랑에 배신을 당한 사람은 '내 인생에 다시는 사랑이 다가오지 않을 것이다'라고 생각한다. 앞으로 그 어떤 사람을 만나도 사랑할 수 없을 거라며 마음의 문을 닫기도 한다. 그러나 사랑은 또다시 다가온다. 배신의 아픔은 또 다른 사랑으로 보상받고 치료받을 수 있다. 배신당하지 않는 사랑을 하면 좋겠지만, 설령 사랑의 배신을 당했을지라도 또 다른 사랑이 기다리고 있음을 잊지 말아야 한다.

배신을 당하느냐 마느냐는 당신이 선택할 수 없다. 왜냐하면 우리 의사와 상관없이 일어나는 것이기 때문이다. 그러나 배신의 고통에 허덕이는 삶은 얼마든지 피할 수 있다. 그것은 우리가 선택할 수 있는 일이기 때문이다.

잃은 사랑에 연연하지 말고, 잃은 돈에 목매지 말고 회복의 길을 열어젖혀야 한다. 이미 새로운 길들은 우리 앞에 놓여 있다. 다만 내가 그것을 찾아내는 작업만 남았을 뿐이다. 아무리 캄캄해 보여도 한 가닥 빛줄기는 여전히 남아 있다.

생각해보면 배신은 의외로 우리 가까이 잠복해 있다. 혹시 "나는 안 그랬다"라고 말하려는가? 누군가 나에게서 더 큰 배신감을 느꼈을지도 모른다. 사람들은 늘 좋지 않은 세계에서 자신을 제외해놓고자 한다. 그래서 의도적으로 그 사실을 부인하기도 한다. 그러나 배신이라는 쇠사슬에서 벗어날 수 있는 사람은 아무도 없다. 배신은 공공의 적이지만 누구나 예외 없이 걸어가는 길이기도 하다.

지혜롭고 자신의 삶에 대한 책임이 강한 사람은 오히려 배신의 아픔 속에서 자기 성찰을 위한 반성의 시간을 보낸다. 배신이야말로 자신을 돌아볼 좋은 시간이며 스스로 거듭날 수 있는 계기를 제공한다.

배신이 인생을 끝상내는 것이 아니라 배신이 끝이라고 생각하는 당신에게 문제가 있다. 당신이 배신의 노예가 되기를 거부하는 한 결코 배신이 당신의 인생을 망칠 수 없다. 배신은 고통을 안겨줄지언정 우리의 인생을 결정할 수는 없다. 배신을 잘 요리하는 사람에게는 언제나 새로운 미래가 준비되어 있다. 배신의 상처에 인생을 허비하기보다 새로운 미래를 개척하는 데 에너지를 쏟아야 한다.

사실 인생은 선택의 연속이다. 우리 앞에는 선택할 수 있는 다양한 삶이 놓여 있다. 배신의 아픔에 머물러 있을 것인지, 배신의 아픔을 넘어 성숙을 향해 나아갈 것인지 선택하는 것은 우리 자신의 몫이다. 삶은 우리가 무엇을 선택하느냐에 따라 달라진다.

보복은 배신보다 고통스럽다

인간의 생각과 감정은 깊은 상관관계가 있다. 감정에 깊이 사로잡히면 다른 생각을 못하게 될 때가 많다. 반대로 생각이 감정을 통제하기도 한다. 배신을 당했을 때 어떤 생각을 품느냐에 따라 배신의 감정에 시달릴 수도 있고 시달리지 않을 수도 있다. 그러므로 우리는 능숙한 생각 조율사가 되어야 한다.

사람들은 대부분 마음 깊숙한 곳에 복수의 칼을 갈게 된다. 섭섭한 감정을 불쾌한 표정으로 표출한다. 그 사람을 난처하게 만들기 위해 거칠고 공격적인 말을 쏟아붓기도 한다. 비난하고 험담함으로써 그 사람을 공동체에서 매장할 기회를 엿본다. 그를 인신공격할 뿐만 아니라 경제적인 손실을 주기 위해 일을 꾸미기도 한다. 때로는 배신에 대한 분노를 통제하지 못해 극단적인 행동을 하기도 한다.

　　누구에게나 찾아올 수 있고, 누구나 범할 수 있는 것이 배신이라면 구태여 배신에 대해 그렇게 알레르기 반응을 일으킬 이유가 없다. '혹시 나에게 뭔가 좀 문제가 있는가?'라고 생각하면 복수심에 불타기보다 오히려 자기 성찰을 통한 발전의 계기가 될 것이다.

　　영화나 드라마에서는 보복을 아름답게 미화하곤 한다. 그러나 보복이야말로 배신의 아픔보다 더 고통스러운 선택이다. 배신의 아픔을 자주 떠올리는 사람은 결코 배신에 대한 분노에서 벗어날 수 없다. 배신감으로 불타는 마음에는 하루도 잔잔한 호수가 자리 잡을 수 없다. 날마다 거센 파도가 일어날 뿐이다. 배신은 잊으려 하는 사람만이 극복할 수 있다. 배신한 사람을 자주 생각하고 얼굴을 떠올리는 것은 보복심만 더 증폭시킨다. 복수심은 상대방을 해하는 것이 아니라 자기 공격 행위일 뿐이다.

사람은
변하기
마련이다

배신은 우리에게 상처를 안겨다 주며 고통의 수렁에 빠뜨리기도 하지만, 그 쓰디쓴 아픔은 우리를 그만큼 강하게 해주며 인생의 저항력을 길러준다. 어린아이가 성장통을 겪듯이 배신은 우리를 성장시키는 성장통과 같다. 그래서 찰스 린드버그는 "위험이 없는 삶은 살 가치가 없다"라고 말한다. 위험을 귀찮은 것으로 받아들이기보다 가치 있는 것으로 받아들이는 태도가 필요하다.

사람은 누구나 이해받고 용서받기를 원한다. 그런데 다른 사람을 이해하고 용서해주기는 꺼린다. 예수님은 "그러므로 무엇이든지 남에게 대접을 받고자 하는 대로 너희도 남을 대접하라"라고 말한다. 남에게 이해받기를 원한다면 먼저 다른 사람을 이해해주어야 한다. 남에게 용서받기를 원한다면

먼저 다른 사람을 용서해주어야 한다.

베드로는 예수님의 수제자였다. 기회가 있을 때마다 자신은 충실한 제자가 될 것이라고 호언장담했다. 죽을지언정 스승이 당하는 어려움을 용납지 않을 것이라고 큰소리를 쳤다. 그러나 그는 죽음의 위기가 닥쳐오자 예수님을 부인하고 저주하기까지 했다.

이런 배은망덕한 제자는 사실 제자가 될 자격이 없다. 그런데 부활하신 예수님은 배신한 베드로를 찾아오셨다. 그리고 그의 죄책감을 없애주셨고, 배신한 사람이 겪는 마음의 상처를 씻어주었다. 예수님은 베드로를 용서하시고 회복시키심으로써 새로운 인생을 출발할 수 있도록 지원해주셨다.

배신은 한 인간이 감당하기 어려울 정도로 힘들고 고통스러운 일이다. 그러나 자신을 위해서도 용서해야 한다. 배신감과 분노의 감정에 사로잡혀 있는 사람은 긍정적인 에너지를 발산할 수 없다. 사람과 세상을 아름답게 바라볼 수 없기에 스스로 인생의 희생양이 될 수밖에 없다. 그러므로 자기 자신을 위해서라도 배신한 자를 용서해야 한다.

배신한 사람을 용서하면 용서를 받은 사람도 새로운 인생을 출발할 수 있다. 배신은 피해자뿐만 아니라 가해자에게도 부정적인 영향을 끼치기 때문이다. 다른 사람에게 경제적인 손실을 입히고 야반도주하는 사람들이 있다. 그에 대한 분노의 감정에 사로잡혀 지낸다면 그들의 관계는 영원히 끊기고 배반한 사람에게 어떤 보상도 받을 수 없다. 그 사람을 용서했을 때 생기는, 그 사람이 재기에 성공해 경제적인 피해를 보상해줄 가능성마저 없애버리는 셈이다.

사람은 변한다. 한때 배신한 사람도 얼마든지 바뀔 수 있다. 인간은 얼마든지 변할 가능성을 갖고 있기에 새로운 희망도 품을 수 있다. 배신한 사람이 변한 모습을 상상해보라. 새롭게 회복될 관계를 그려보라. 배신 관계가 신뢰 관계로 회복될 날을 꿈꿔보라.

마지막 말 한마디 나누지 못하고

오래전 어느 장례식장에서 가슴 아픈 광경을 목격했다. 갑자기 장례식장이 떠나갈 정도로 큰 울음소리가 들렸다. 젊은 아주머니의 자지러지는 듯한 울음소리였다. 아주머니는 슬픔을 감당할 수 없었는지 그 자리에서 나뒹굴었다. 그러더니 이내 실신했다. 놀란 사람들은 냉수를 가져와 마시게 했다. 아주머니는 잠시 후에 다시 깨어났다. 그러곤 또다시 대성통곡을 했다.

왜 저토록 슬피 우는 것일까? 장례식장이야 어느 곳이든 가슴 아프기 마련이다. 때로는 눈물이 나지 않는데도 문상객들이 오면 "애고 애고" 하며 통곡을 하기도 한다. 그런데 그 장례식장에서 울려 퍼지는 통곡 소리는 여느 장례식장과는 사뭇 달랐다. 그 이유는 영정 사진이 말해주었다. 사진 속 고인은 덩치가 좋고 잘생긴 학생의 모습이었다. 자지러지는 통곡 소리는 생때

같은 아들을 잃은 엄마의 한恨이었던 것이다.

나는 곁에 있는 사람에게 물었다.

"도대체 저 어린 학생이 왜 저곳에 가 있습니까?"

그 이유는 이랬다. 동네에서 킥보드를 타고 놀던 아들이 달려오는 차를 미처 피하지 못하고 차에 치인 것이다. 아들은 그 자리에서 피를 토하면서 즉사했다. 한순간에 아들을 잃은 어머니, 마지막 말 한마디도 나눠보지 못하고 다른 세계로 보내야만 했던 엄마의 마음이 오죽했을까?

우리는 누구나 죽음을 향해 치닫고 있다. 때로는 사랑하는 이를 먼저 보내야 하는 고통을 겪기도 한다. 어느 날 갑자기 사랑하는 이가 내 곁을 훌쩍 떠났을 때의 슬픔과 아픔이란 이루 말로 표현할 수 없다. 그러나 그때도 당신은 다시 일어서야 한다.

죽음이 우리의 얼굴에 그리는 그림

"죽음이란 단순히 우리의 생명의 실낱을 끊는 가위만은 아닙니다. 죽음은 오히려 우리의 실존의 의장意匠 속에 처음부터 마지막까지 짜 넣어진 실과도 같은 것입니다. 죽음은 우리의 육체와 영혼의 전 존재를 시시각각으로 조형造形해가는 세력입니다. 모든 사람의 얼굴은 그의 생명에 죽음이 현존現存하고 있다는 자국을, 즉 죽음에 대한 공포, 죽음에 대한 용기 그리고 죽음에 대한 체념의 자국을 보여주고 있습니다."

독일의 유명한 신학자 폴 틸리히가 죽음에 대해 언급한 글이다. 죽음이 당신의 얼굴에 어떤 그림을 그리고 있는가? 두려움으로 일그러진 얼굴을 그려 넣고 있는가? 그렇지 않으면 평온과 희망의 그림을 그리고 있는가?

중국의 순자는 이렇게 말한다. "죽음을 가볍게 여기고 난폭하게 행동하

는 것은 소인의 용기며, 죽음을 무겁게 여기고 굳건히 의로움을 지키는 것은 군자의 용기다." 오늘날 죽음을 가볍게 여기고 난폭하게 행동하는 사람들이 있다. 자신의 목숨을 아낄 줄 모르고 자살하는 사람들이 그렇고, 다른 사람들의 생명을 소중하게 여기지 않는 사이코패스들이 그렇다. 죽음이 두려워 떨지는 말아야겠지만, 죽음을 너무 가벼이 여겨서도 안 된다. 죽음 앞에 당당하면서도 진중해야 한다.

스위스 출신 정신과 의사인 엘리자베스 퀴블러 로스는 인간의 죽음에 대해 깊이 연구했다. 그는 죽음을 앞둔 환자들을 대상으로 임종의 정신 상태를 연구하여 《사망과 임종에 대하여》라는 책을 출간했다. 죽음을 맞이하는 사람들의 심리적 상태를 잘 분석해놓은 책이다.

먼저 죽음 앞에 서는 사람들은 죽음을 부인denial한다. 너무나 충격적이고 황당한 소식을 접한 사람은 자신이 죽는다는 사실을 도저히 받아들일 수가 없다. 그래서 사실 자체를 부인한다.

그다음에는 분노anger의 단계다. 아무리 부인해도 소용없다는 사실을 깨닫게 된다. 그다음부터는 분노와 원망으로 바뀐다. 이때 가족과 의사는 인내심을 갖고 조건 없는 사랑으로 환자를 보살펴야 한다.

분노의 단계를 지나면서 거래bargaining의 단계로 들어간다. 아무리 화를 내고 세상을 원망해도 아무 소용이 없음을 점점 더 깨닫는다. 그때부터는 죽음을 지연하는 방법을 찾으려고 온갖 궁리를 한다. 거래의 단계는 모든 사람에게 나타나는 단계는 아니지만, 죽음을 앞둔 환자의 절박한 심정을 잘 보여준다.

그다음에는 우울depression의 단계다. 거래를 함에도 병세가 점점 악화되고 있음을 깨닫게 되면서 아무것도 할 수 없는 자신에 대해 좌절하고 질망하는 상태에 빠진다. 그래서 우울증에 시달린다.

마지막 단계로 나타나는 것이 바로 수용acceptance의 단계다. 점점 더 죽음이 임박하여 이 세상과 결별해야 할 때가 다가오면 죽음을 수용하게 된다. 죽음이 피할 수 없는 자연현상임을 인정하고 마음으로 받아들이게 된다. 이 세상의 모든 굴레를 벗어던지고 긴 여행을 떠나기 전 마지막 휴식을 즐기는 것처럼 평온한 마음으로 죽음을 기꺼이 수용한다.

퀴블러 로스 역시 1995년 뇌경색으로 반신마비가 되어 투병하다가 2004년 78세로 사망했다. 죽음은 누구에게나 공평하게 다가온다. 힘없는 사람이나 힘 있는 사람이나 차별하지 않는다. 못 배운 사람이나 많이 배운 사람에게나 동일하게 다가온다. 소유의 크기에 상관없이 죽음은 모든 사람에게 찾아온다. 아무리 저항해도 죽음은 도망가지 않는다. 그러나 죽음을 두려워하지 않는 사람을 정복하지는 못한다.

장례식장의 평안한 죽음과 고통스러운 죽음

나는 많은 장례를 집례해보았다. 어떤 사람은 너무 평안하게 죽음을 맞이한다. 마치 잠자는 사람처럼 느껴진다. 고통이라는 것이 전혀 느껴지지 않는다. 천사가 자기를 데리고 간다고 하면서 눈을 감는 사람도 보았다. 그런데 어떤 사람은 죽음의 고통을 감당하지 못하고 죽지 않으려고 치를 떨다가 어쩔 수 없이 화를 내면서 눈을 감는다. 얼굴은 일그러지고 주변 사람들을 괴롭힌다. 그러나 죽음은 어김없이 그를 다른 세계로 인도한다.

편안한 죽음을 맞이하기 위해서는 가슴에 맺힌 한이 없어야 한다. 가슴에 한을 품고 사는 사람들을 보면 죽음 앞에서도 평안히 눈을 감지 못한다. 어느 제약회사 회장이 있었다. 그는 살아 있을 때 도지히 용서할 수 없는 한 사람이 있었다. 몸에 암이 찾아와 죽음을 예고했지만 도저히 용서할 수 없었다. 그 얼굴만 봐도 치가 떨린다. 이름만 들어도 몸서리쳐지도록 싫다. 그러니 하루하루 사는 게 어떻겠는가? 임종을 앞둔 마지막 순간이 되었다. 지금까지 용서할 수 없었던 그 사람을 불러달라고 부탁했다. 결국 그와 더불어 화해의 악수를 한 후에 조용히 눈을 감았다.

아름답고 품격 있게 죽으려면 평소에 잘 살아야 한다. 삶이 죽음의 질을 결정한다. 품격 높은 삶을 살던 사람은 죽음 앞에서도 평안하다. 그러나 악을 친구 삼아 살던 사람들은 죽음 앞에서도 고통을 친구 삼는다. 자기밖에 모르는 이기적인 사람은 이를 갈며 죽을 것이다. 그러나 이타적이고 너그러운 사람은 편안하게 죽음을 맞이한다. 아름답고 편안한 죽음을 맞으려면 살아가는 태도를 점검해야 한다.

지혜로운 사람은 죽음을 미리 준비한다. 혹시 죽음 준비 학교를 들어보았는가? 어쩌면 '쓸데없는 소리 하고 있네!' 라고 우습게 여길 것이다. 아니면 '부정 탄다' 며 아예 역정을 낼 것이다. 그러나 죽음을 미리 생각해보고 죽음에 대비하는 삶이야말로 지혜로운 인생이다.

삶이 발견한 가장 위대한 발명품

"곧 죽을 거란 사실을 기억하는 것은 인생에서 커다란 선택을 내리는 데 도움을 주는 가장 중요한 도구입니다. 외부의 기대, 자부심, 좌절과 실패 등은 모두 죽음 앞에서 덧없이 사라지고 진정으로 중요한 것만 남기 때문입니다."

췌장암으로 죽은 스티브 잡스가 죽음을 앞두고 한 말이다. 애플의 창립자이자 세계 최초의 PC 개발자인 스티브 잡스의 죽음을 가리켜 '인류 최대의 손실'이라고 표현하기도 한다. 그러나 그는 "죽음은 삶이 발견한 가장 위대한 발명품이다"라는 명언을 남기고 우리 곁을 떠났다. 그의 장례는 조용하고 엄숙하게 진행되었다. 그는 인생을 정리하는 지혜를 갖고 있었다.

　죽음과 맞서 싸우는 사람들을 보면 처음에는 열심히 사진을 찍는다. 마치 "나는 한때 이곳에 존재했었다"라고 말하려는 듯하다. 그러다가 병세가 차츰 악화하고 감정이 새로운 단계로 접어들면 더 이상 사진을 찍지 않는다. 사진조차도 영원하지 않다는 걸 깨달은 것이다. 사진을 남겨 놓은들 무슨 소용이 있단 말인가? 한 세대가 흘러가기 전에 귀찮은 애물단지가 될 것을······.

　차라리 살아 있는 동안 함께할 수 있는 소중한 사람들과 더불어 아름다운 사랑과 추억을 만들어가라. 소중한 사람들을 미워할 틈이 없다. 사랑할 시간도 부족한 판국에 미워하며 살 여유가 어디 있단 말인가? 또한 죽음을 준비하는 사람들은 궁극적인 실체를 찾아 나선다. 이 세상 너머에 존재하는 초월적인 세계를 찾는다. 점점 다가오는 생명의 한계를 인지하고 영원한 세계에 의탁하고자 한다.

"나의 죽음을 너무 슬퍼 마시오. 나는 올바른 일을 했다고 믿소. 죽음은 하나의 사건에 불과하며 우리의 존재에 일어나는 가장 중요한 일이 아니오. 전반적으로, 특히 사랑하는 당신을 만난 후 나는 행복했소. 당신은 내게 여자의 마음이 얼마나 고귀한지 가르쳐주었소. 만약 다른 세상이 있다면 거기서도 당신을 찾을 것이오. 앞날을 바라보며 자유롭게 삶을 즐기고 아이들을 사랑하고 나에 대한 기억을 간직해주시오. 신이 당신을 축복하시기를. 안녕."

처칠이 사망할 당시 그의 아내 클레멘타인에게 보내달라고 써 놓은 편지의 내용이다. 죽음 앞에 있는 자기 오히려 살아 있는 사람을 위로한다.

처칠은 제1차 세계대전 당시 내각의 한직으로 밀려나자 장관직을 사퇴하고 전쟁에 자원했다. 그는 프랑스 국경 지대에서 대대장으로 전투에 참여해 노블레스 오블리주를 실천했다. 죽음 앞에서도 전혀 물러섬이 없었다.

우리가 가진 모든 것은 잠시 빌린 것에 불과하다. 영원한 것은 아무것도 없다. 소유도, 지식도, 건강도, 관계마저도 일시적인 것들이다. 영원한 것은 어디에도 없다. 모든 것을 언제까지나 소유하고 있으려는 욕심은 무의미하다. 상실을 막으려는 그 어떤 시도도 허사다. 사랑하는 소중한 사람들마저도 영원히 우리 곁에 머무를 수 없다. 그래서 지혜로운 사람은 삶에 대한 지나친 애착에 사로잡히지 않고 나눔의 삶을 실천한다.

내가 웃는 게 웃는 게 아니야

'상심 중후군'이라는 것이 있다. 마음에 큰 충격을 받거나 사랑하는 사람을 잃었을 때, 마음에 생긴 상처 때문에 생기는 병이다. 감당하기 어려운 아픔이나 슬픔이 다가와서 호흡곤란과 같은 증상을 경험하기도 한다.

어느 고1 남학생이 고민 상담을 신청해왔다. 그에게는 부모님과 누나와 동생이 있었다. 그런데 중학교에 다니는 동생이 학교에서 왕따를 당했단다. 가족들은 그 사실을 전혀 몰랐다. 혼자 괴로워하던 동생은 어느 겨울에 자살하고 말았다. 동생은 '힘들다, 괴롭다'는 말을 남긴 채 영원히 눈을 감았다.

아들을 잃은 엄마의 가슴은 멍들어갔다. 아들을 잃은 상실의 아픔에서

벗어날 수가 없었다. 더구나 아들이 그렇게 괴로워하는 상황에서도 아무런 조처를 하지 못했다는 죄책감이 몰려왔다. 아들을 죽음으로 몬 세상과 학교에 대한 분노가 부글부글 끓어올랐다. 참다못한 엄마는 유서를 가지고 학교로 달려갔다. 그리고 온통 소란을 벌였다. 엄마의 아픈 마음은 그것으로 끝나지 않았다. 엄마는 저녁만 되면 아들을 봤다고 말한다. 아들이 자꾸 떠오른다는 것이다. 그래서 저녁이면 문을 열어놓으라고 한다. 가족들은 동생이 베고 자던 베개를 버리자고 했다. 그런데 엄마는 아이가 다시 돌아와서 이

베개를 베야 한다면서 기어코 만류한다.

혹시 극심한 정신적 충격으로 정신에 이상이 생긴 것은 아닌지 병원에 가보았지만 아무런 이상이 없다고 한다. 그런데 엄마의 생활은 말이 아니다. 아버지도 끊었던 담배를 다시 피우기 시작했다. 그리고 술을 자주 마신다. 누나도 자꾸 비뚤어진 행동을 한다. 최근에는 친구들과 담배도 피우기 시작했다. 물론 성적도 형편없이 떨어졌다.

동생의 죽음으로 이렇듯 쑥대밭이 된 가정을 보면서 그 남학생은 숨통이 막히는 것 같다고 했다. 그래서 주변 사람들에게 "제발 좀 도와달라"며 간곡하게 도움을 요청하고 있었다.

폴 투르니에는 《창조적 고통》에서 세계 역사에 한 획을 그은 과학자, 정치인, 예술가 200여 명의 생애를 연구한 보고서 하나를 소개했다. 알렉산더, 율리우스 카이사르, 루이 14세, 조지 워싱턴, 나폴레옹, 빅토리아, 레닌, 스탈린, 카스트로 등이다. 이들에게서 한 가지 공통점을 발견했는데, 바로 성장과정에 모두 상실을 경험했다는 점이다. 예외적인 사례는 비스마르크와 드골 단 두 사람뿐이었다. 결국 창조적인 삶의 동기는 개인의 재주와 능력뿐만이 아니라, 상실을 잘 극복했기 때문이라는 것이다.

많은 사람이 '삶이 곧 상실이요, 상실이 곧 삶이다' 라는 사실을 깨닫지 못하고 살아간다. 그래서 평생 상실과 싸우고 삶을 거부하려 한다. 때론 겉으로 아무렇지 않은 듯 지내지만 마음속은 곪을 대로 곪아 있다. 소위 '스마일 마스크 증후군' 이라는 것인데 얼굴은 웃고 있지만 마음은 절망에 빠져 우는 것을 말한다. 일명 숨겨진 우울증이라고도 한다.

상실은 피할 수 있는 일이 아니다. 상실 없이 삶은 변화할 수 없고 성장할 수 없다. 누구나 크든 작든 상실의 아픔을 겪게 된다. 상실의 경험은 우리를 성장시킨다. 아픔 없이 성장하는 것은 없다. 아픔은 당신을 더 강하고, 더 온전한 존재로 만든다.

위로란 함께 울어주는 것

지혜로운 사람은 결혼식장보다 장례식장을 즐겨 찾는다. 장례식장이 더 즐겁거나 좋기 때문이 아니다. 함께 웃어주는 것보다 함께 울어주는 것이 훨씬 더 소중하기 때문이다. 상실의 아픔 앞에 눈물 흘리는 사람들에게 다가가서 진정한 위로자가 되라. 위로는 상처받은 마음을 치유하는 능력이 있다.

테레사 수녀는 이렇게 말했다.
"가장 큰 질병은 결핵이나 나병이 아닙니다. 아무도 돌아보지 않고 아무도 위로하지 않고 아무도 사랑하지 않고 아무도 필요로 하지 않는 것, 이것이 가장 무서운 병입니다. 세상에는 빵이 없어서 죽어가는 사람도 많지만 작은 사랑이 없어서 죽어가는 사람이 더 많습니다."

아들을 잃고 깊은 상심에서 헤어나지 못하던 아버지가 있었다. 사는 것이 사는 것이 아니었다. 무의미한 인생, 더 살아가야 할 의미도 없고, 살아가고 싶은 의욕도 없었다. 그러던 어느 날 알고 지내던 한 사람이 편지 한 통을 보내왔다. 그 편지에는 깔끔하고 짤막한 위로의 메시지가 담겨 있었다. 편지를 받은 아버지는 그 사람이 자신이 겪는 고통을 가슴으로 이해하고 있음을 느꼈다.

아들의 장례식을 치른 지 엿새가 지났다. 그제야 아버지는 슬픔을 잊기 위해 일에 몰두하기로 마음먹었다. 다시 일터로 나갔다. 그리고 그때 위로의 편지를 보낸 사람으로부터 한번 만나자는 연락을 받았다. 아버지는 그의 집으로 갔다. 집에 도착했을 때 편지를 보낸 사람은 아버지를 빤히 바라보기만 할 뿐 한동안 아무런 말도 없이 그냥 서 있었다. 마치 아버지의 표정에서 고통을 읽고 있는 듯 보였다.

한동안 침묵이 흘렀다. 편지를 보낸 사람은 '정원을 함께 걷자'는 무언의 부드러운 암시를 보냈다. 그는 아버지의 팔을 잡고 밖으로 나갔다. 두 사람은 묵묵히 함께 길을 걸었다. 종종 그들이 함께 쉬곤 했던 나무 그늘에 이르렀다. 편지를 보낸 그는 처음으로 입을 열었다.

"그건 사고였네. 정말 안타까운 일일세. 우리가 재석이와 함께 보냈던 좋은 시간을 기억하세. 그는 정말 멋진 녀석이었지. 나는 재석이가 성경 읽는 사진을 갖고 있다네. 재석이는 나와 성경 구절을 가지고 토론을 했었지. 지금 생각해보면, 참 특별한 성품을 지닌 아이였네."

이어서 그들이 함께 겪고 있는 고통을 이야기했다.

"시간은 육체의 상처를 치유해주지. 그건 사실이야. 하지만 시간도 보이지 않는 상처를 치료하지는 못해. 사람들이 친절한 말을 해줄 때는 물론 진심으로 그러는 거겠지만 그 사실을 잘 모르지. 하지만 그들이 진정으로 진심을 담으려고 했다는 점은 기억해야 하네."

그 말을 들은 아버지는 진심으로 위로를 느낄 수 있었다. 그의 위로가 아버지에게 큰 위로로 다가오는 것은 그 역시 가슴이 찢어지는 아픔을 겪은 적이 있었기 때문이다.

기쁨을 함께 나누면 두 배가 된다. 그러나 슬픔을 나누면 절반으로 줄어든다. 그렇기에 상실의 아픔으로 힘들어하는 사람에게는 위로자가 필요하다. 그래서 성경은 이렇게 말한다.

"너희는 위로하라. 내 백성을 위로하라." (이사야서 40:1)

함부로 위로하려 들지 말라

상실의 아픔을 당한 사람을 위로할 때 함부로 위로해서는 안 된다. 마음으로 다가가서 아픈 마음을 어루만져주어야 한다. 형식적인 위로는 금방 느낄 수 있다. 아무리 멋진 미사여구로 위로한다 할지라도 가슴에 와 닿지 않는다. 위로한답시고 이런저런 말을 하지만 오히려 번거로울 뿐이다. 괴로움만 더할 뿐이다.

동안교회 김형준 목사는 상심의 고통으로 아팠던 마음을 털어놓았다. 그는 사랑하는 한 여인과 핑크빛 환상 속에 결혼식을 올렸다. 하나님은 그들에게 태의 열매를 선물로 주셨다. 너무나 행복했다.

그런데 그 행복은 얼마 가지 않았다. 하나님이 주신 태아는 세상을 한번 바라보지도 못한 채 7개월 만에 엄마의 배 속에서 하늘나라로 가고 말았다.

아내는 사경을 헤매면서 수개월 동안 병원에 입원해야만 했다. 힘겨운 날들을 보낸 아내는 가까스로 마음을 추스르고 퇴원하게 되었다. 그런데 아내가 퇴원한 지 열흘이 지났을 무렵 마른하늘에 날벼락 같은 소식이 들려왔다. 그의 아버지가 심장마비로 쓰러졌다는 것이다. 그리고 다시는 일어나지 못하셨다.

아내는 아직 몸을 다 회복하지도 못한 상태였다. 어머니 역시 남편을 상실한 아픔 때문에 정상적인 생활을 하기가 어려웠다. 여동생은 말을 잃은 채 매일 외로움과 싸우고 있었다. 엎친 데 겹친 격이다. 감당할 수 없는 일들이 무자비하게 들이닥쳤다.

그러한 와중에도 그는 부목사로서 교회의 사역에 손을 놓을 수 없었다. 자신 안에 상심과 외로움의 응어리를 가득 안은 채, 교인들을 치료하고 위로하기 위해 다녀야 했다. 새벽마다 교회에 가서 눈물마저 말라버린 가슴을 달래는 것이 일이었다. 사역을 하는 중에도 마음은 다른 곳에 가 있었다.

그는 그때 심정을 이렇게 말한다.

"병원에 있을 때 찾아준 친구들이 고마워야 힐 덴데, 외로움 앞에서 떠는 나에게는 아무런 도움이 되지 못했다. '모든 것이 합력하여 선을 이룰 거야', '염려하지 마라. 하나님께서 무슨 뜻이 게실 거야' 라고 말해주던 친구

들에게 방문해준 것 이상의 고마움을 느낄 수가 없었다. 나를 버린 것 같은 하나님을 향한 분노가 계속됐다. 이래서는 안 된다는 죄책감도 있었다. 모든 사람에게 서운함을 느꼈다. '내가 없어도, 내가 죽어도 저들은 잘 살 수 있겠구나! 내가 잠 못 이루고 먹지 못하며 몸부림치는 시간에도 나를 위한다고 말하던 저들은 잘 먹고 잘 자고 잘도 웃으면서 살아가는구나!' 라는 생각이 들어 비참함만 더해갈 뿐이었다."

위로한답시고 찾아와서 던지는 그들의 말 한마디 한마디는 오히려 더 깊은 상처를 안겨줄 뿐이었다. 다 피하고 싶었고 멀리하고 싶었다. 자신을 위로하고 도와주려고 다가왔던 그들이 오히려 자신을 괴롭힌다는 생각도 들었다. 때로는 "목사님으로서 품위를 잃지 말고 믿음의 본이 되라"라고 하는 사람들의 말이 그를 더욱 잔인하게 괴롭혔다.

그 무렵에 한 친구가 병실에 들어왔다. 그리고 목사님을 한참 바라보더니 들고온 주스 통을 병실 바닥에 떨어뜨리고 말았다. 그리고 아무 말 없이 한참 동안 울다 돌아갔다. "어찌 된 일이냐? 어쩌다 이렇게 되었느냐?"라는 말 한마디도 없었다. 단지 울고만 갔다. 그런데 목사님은 그 친구 덕분에 큰 위로를 받았다. 달래지지 않던 상심의 상처가 아물기 시작한 것이다. 말로 하는 위로보다 눈물로 하는 위로가 훨씬 더 위력이 있었다.

슬픔에 빠진 이들을 위로하기 원하는 사람들에게 조심스레 제안한다. 그들을 함부로 위로하려 들지 말자. 아니 나도 슬픔을 당한 사람들을 위로한 답시고 함부로 덤볐던 날들을 생각하니 부끄러움을 감출 수 없다. 그들의 상심이 어떤 것인지도 모른 채, 명제적인 위로나 설교로 그들을 위로하려 들었다. 정작 슬픔을 당한 당사자는 어설픈 위로의 말을 하는 사람을 향해 묻는다. "그런데 어쩌란 말인가? 모르는 사실도 아니다. 또 이해를 못 하는 것도 아니다. 그런데 안 되는 걸 어쩌란 말인가? 도저히 잊을 수 없고, 도저히 일어날 수 없는 걸 어쩌란 말인가?"

머리로는 이해하지만 가슴으로는 이해하지 못하는 일이 있다. 우리는 그들에게 울지 말라고 강요한다. 팔을 끌어당기며 일어나라고 독촉한다. 아픈 마음을 배려하지 않는 얼마나 무례한 행동이었던가. 돈으로 위로하려 해서도 안 된다. 한두 마디 어설픈 말로 깊은 상실의 아픔에 몸부림치는 이들을 위로하려 들지 말아야 한다. 진실한 마음으로 다가가야 한다. 고통을 가슴으로 함께 나누려는 자세로 다가가야 한다.

하늘의 위로가 주는 진정한 치유

우리 어머니의 생애는 아픔으로 가득 찼다. 지나온 삶을 돌아보면 온통 상처투성이다. 10대 후반 어린 나이에 시집와서 말썽꾸러기 시동생들과 가정을 돌볼 줄 모르는 남편, 매몰찬 시어머니가 주는 온갖 고통을 참아내야만 했다. 힘든 시집살이를 견디느니 차라리 죽고 싶은 나날들이 많았다. 논밭일에 지쳐도 산에 가서 나무를 해야 했다. 감이나 사과를 한 바구니씩 머리에 이고 수십 리 길을 오가며 장사를 해야 했다. 날이 저물면 낯선 동네에서 새우잠을 자기도 했다.

당신의 나이 마흔세 살 때였다. 남편마저도 세상을 떠났다. 홀로 칠 남매를 건사해야 했다. 그러니 남편의 죽음을 슬퍼할 겨를도 없었다. 자식들을 먹여 살려야만 했다. 그래서 메밀묵을 만들어 팔며 생계를 꾸려갔다.

아버지가 세상을 떠난 지 2년 후에는 교회에 다니시기 시작했다. 신앙

생활을 하면서 아팠던 몸도 고치시고 마음도 무척 편안해지셨다. 그러나 고달픈 삶은 멈출 줄 모르고 오히려 더 큰 고통을 안겨주었다. 서른세 살 된 큰형님이 교통사고로 세상을 떠난 것이다. 몇 년 후에는 둘째 며느리마저 세상을 떠났다. 당신의 아픔은 여기서 끝나지 않았다. 몇 년 후 장가도 가지 않은 셋째 형님마저 교통사고로 사망했다. 남편이 죽으면 산에 묻지만 자식이 죽으면 가슴에 묻는다고 했던가. 당신의 가슴에는 두 아들의 무덤과 한 며느리의 무덤이 있었다. 그러니 그 가슴이 얼마나 시리도록 아팠겠는가?

셋째 형님의 장례가 병원에서 진행되었다. 입관 절차가 준비되는 순간이었다. 시신을 잘 수습한 후 이제 관을 닫기 전에 마지막 얼굴을 보는 순간이다. 온 가족과 시골에서 올라온 동네 사람들은 안타까움에 눈물을 흘리며 통곡하고 있었다. 그때 당신은 아들의 얼굴을 마지막으로 만져보셨다. 잠시 후 어머니는 영안실에서 찬송을 하며 이리저리 다니시기 시작했다. 입술에서는 찬송이 울려 나왔지만 눈에서는 닭똥 같은 눈물이 하염없이 흘러내렸다. 그러나 그 얼굴은 마치 천사의 얼굴과도 같았다.

그 광경을 목도한 사람들은 연민의 정을 감출 수가 없었다. 그리고 이내 걱정스러운 분위기가 감돌기 시작했다. 혹시 슬픔을 감당하지 못해서 정신이 이상해진 것은 아닐까? 그렇게 입관 예식은 끝났다. 그러나 그날 이후 어머니는 정신적으로 아무런 문제가 없었다. 그렇다면 그날 일은 어떻게 된 것일까? 아들의 죽음이라는 슬픔을 감당할 수 없는 당신에게 하늘의 위로가 채워진 것이다. 어머니는 감당할 수 없는 아픔을 하늘의 위로로 이겨내신 것이다.

어느 교수님이 유학할 때 자신을 지도해주셨던 세계적인 선교학자 폴 히버트 박사께서 돌아가셨다는 가슴 아픈 소식을 받게 되었다. 그 교수님은 예전에 히버트 교수님의 사모님 장례식에 참석한 적이 있다. 그는 그때 기억을 지금도 잊지 못한다.

그는 스승이 겪고 있을 상실의 고동을 생각하면서 경건하고 엄숙한 마음으로 장례식장에 갔다. 그런데 충격을 받았다. 그 장례는 무게 있고 웅장한 장례식이 아니었다. 웃으면서 "내 영혼 내 영혼 평안해"라고 경배와 찬양을 하는 것이었다. '이거 완전히 축제네. 내가 결혼식에 잘못 왔나?' 하는 생각이 들 정도였다. 그들에게 죽음은 기쁨이 넘치는 나라로 가는 일이었다. 영원한 세계에 대한 소망은 이론이 아닌 실재였다. 영원한 세계에 대한 소망이 감출 수 없는 영혼의 평안을 가져온 것이다.

가톨릭에서 가장 존경받는 위대한 성인인 성 프란치스코는 삶과 죽음의 분별마저 넘어섰다. 그는 죽음이야말로 하나님께 가까이 가는 길이라며 행복하게 여겼다. 이것이 진정한 믿음이요, 성숙한 영혼이며, 자유다. 상실의 아픔은 하늘에 대한 소망으로 채워질 때 비로소 아물게 된다.

2 회복

절망

절망이 인생의 특별한 사건은 아니다

나는 어린 시절 가난한 촌 동네에서 찌들어지게 가난한 농부의 아들로 태어났다. 버스도 들어오지 않는 산골 출신이다. 4남 3녀 중에 여섯째로 태어나 모든 것을 물려받는 데 익숙했다. 내 위의 형님과 누나들은 가난한 가정형편 때문에 하고 싶은 공부도 할 수 없었다. 그래서 일찍부터 자기 길을 찾아 나서야 했다. 공장에 다니기도 하고, 남의 집 식모살이를 하기도 하고, 건설 현장에서 막노동으로 목수 일을 배우기도 했다. 어쨌든 비전이 없는 시골 동네에서 하늘의 도움만 바라보고 살 수는 없었던 것이다.

내가 초등학교 5학년 시절, 수업 중에 갑자기 비보가 들려왔다. 아버지가 돌아가셨다는 소식이었다. 어린 나에게는 죽음이라는 것이 그리 현실감

은 없었다. 그러나 집으로 올라가는 길에 하염없이 눈물이 났다. 아버지는 그렇게 우리에게 가난과 빚만 남겨놓으신 채 우리 곁을 떠났다. 그러다보니 어머니는 나에게 초등학교를 마치면 공장에 취직해 돈을 벌라고 당부했다. 어떻게 거절할 수 있겠는가?

드디어 초등학교를 졸업하게 되었다. 이제 공장에 들어가서 돈을 벌어야 할 형편이다. 그때 형님이 어머니께 제안했다.

"어머니, 이제 남자로서는 병태가 마지막인데 중학교는 보내야 하지 않겠어요? 가난 때문에 우리 형제들이 모두 공부를 할 수 없었지만 막내리도 공부를 시켜보는 게 어떨까요? 제가 어떻게 해서든 돈은 마련해보겠습니다."

사실 형님은 공사판에서 막노동을 하고 있었다. 뙤약볕에 자신의 몸을 그을려가며 동생 교육비를 마련하겠다는 것이다. 나는 그런 형의 배려로 중학교에 다닐 수 있었다. 하지만 졸업 후 공장행이라는 명찰을 달고 있었으니 굳이 공부를 열심히 해야 할 이유가 없었다. 중학교 졸업장만 손에 쥐면 그만이었다. 한 반이 63명이었는데 그저 10등 정도 하는 것으로도 충분했다.

세월은 흘러 3학년이 되었다. 그런데 첫 수업 시간에 담임선생님이 들어오셔서 내게 반장을 해보면 어떻겠느냐고 하는 것이었다. 나는 적잖이 놀랐지만 이내 하기 싫다고 대답했다. 반장보다는 선도부장 쪽에 마음이 갔기 때문이다.

결국 투표에 들어갔다. 당시 우리 반에서 1등을 하던 친구와 둘이서 선거를 치르게 되었다. 그런데 내 주변에는 노는(?) 친구들이 많았던지라 결국 내가 반장이 되었다. 그날 저녁이었다. 나는 어머니와 형님을 한자리에 모셨다. 그리고 제안했다.

"제가 반장이 되었는데 어떻게 했으면 좋겠습니까? 만약 공부를 시켜주신다면 열심히 해보고 싶어요."

학비를 조달할 능력이 없으신 어머니는 아무런 말을 할 수 없었다. 그때 형님이 말했다.

"만약 네가 대구로 나갈 수 있다면 내가 뼈를 깎는 한이 있어도 학비를 마련해주겠다."

그때부터 나는 고등학교 입시 준비에 뛰어들었다. 사실 당시 시골 학교에서 대구로 공부하러 나가는 게 쉬운 일은 아니었다. 한 반에서 한두 명 나갈까 말까 하는 수준이었다.

중학교 입학에 이어 이번에도 형님의 도움으로 공부를 할 수 있었던 나는 결국 연합고사에 합격하여 대구로 공부하러 나오는 데 성공했다. 그러나 앞길은 막막했다. 대구에 아무런 연고지가 없었기 때문이다. 그런데 그때 서울에서 식모살이하던 누나가 동생을 위해 대구로 내려오기로 했다. 기술도 없고, 배운 것도 없는 누나였다. 누나는 버스 안내양으로 취직했다. 당시 쉽게 직장을 잡을 수 있는 직업이 버스 안내양이었다. 나는 누나의 희생과 헌신으로 걱정 없이 고등학교 시절을 보낼 수 있었다.

시간은 흘러 고등학교를 졸업할 무렵 대입 원서를 준비하는데 또 다른 걱정거리가 생겼다. 누나가 애인을 사귀기 시작한 것이다. 이제 더 이상 누나 신세를 질 수도 없는 노릇이었다. 그러나 여기서 멈출 수는 없었다. 대학교에 꼭 들어가고 싶었다. 그래서 서울에 있는 형에게 전화를 드렸다.

"형님, 저 대학을 가야 하는데 어떻게 해야 할지 모르겠어요. 누나는 남자 친구와 교제하고 있는데 얼마 있지 않아 결혼할 것 같아요. 형님 댁에서 신세를 질 수 있을까요?"

두근거리는 가슴을 진정시키며 형님의 대답을 기다려야 했다. 택시 운전을 하는 형님도 그리 넉넉지 않은 형편이다. 그러니 결정을 내리기가 쉽지 않다는 걸 잘 알고 있었다.

형님의 대답은 뜻밖에 간단했다.

"그래, 서울로 올라와라."

대학 생활은 그렇게 서울에서 시작되는가 싶었다. 생각보다는 쉽게 문제가 해결되고 있었다. 그러나 세상일이란 게 생각대로만은 되지 않음을 우리는 자주 경험한다. 이미 환경이 조성되어가는 듯 보이다가도 때때로 돌발적인 상황이 출현한다. 나는 이른 새벽 원서를 손에 들고 서울행 열차에 몸을 실었다. 서울에 도착하니 사돈이 집 앞에서 나를 기다리고 있었다. 술을 한잔했는지 얼굴이 취기가 감돌았다. 그러면서 나에게 말했다.

"사형, 매형이 병원에 입원했어요."

우리는 택시를 타고 병원으로 향했다. 병원에 도착해 택시에서 내리는데 사돈이 다시 정색을 하더니 이렇게 말했다.

"사형, 놀라지 마세요……. 형님이 입원한 게 아니고 사고가 나서 숨을 거두었어요……."

긴 침묵이 흘렀다. 아무런 느낌이 없었다. 조금 있다가 병원 지하에 있는 영안실로 내려갔다. 그제야 '올 게 왔구나' 하는 생각이 들었다. 이제 모든 게 끝난 것이다.

형님에게는 어린 아들 둘이 있었다. 그런데 홀로 계신 형수님 밑에서 공부를 한다? 도저히 상상할 수 없는 일이었다. 장례식장에서 우리는 결정해야 했다. 몇 시간 지나면 원서 접수가 마감되는 촉급한 상황이다. 나는 대학을 포기하겠다고 했다. 그 누구도 별다른 말을 할 수 없었다. 결정권은 사실 형수님에게 있지 않은가? 그때 형수님이 대답했다.

"우리는 왜 이런 일이 생겼는지 몰라요. 그러나 여기에는 뭔가 뜻이 있을 거예요. 일단 원서를 제출해보세요. 뜻이 있다면 합격할 것이고, 그렇지 않다면 다른 길을 생각해보면 되잖아요."

나는 망설인 끝에 결국 원서를 접수했고, 대학에 합격했다.

우리에게 절망적인 상황은 끊임없이 다가온다. 그러나 절망은 선택하는 사람의 몫이다. 절망적인 상황에서도 절망하지 않는 사람은 절망에서 희망을 캐낸다. 절망적인 환경 자체가 우리를 무너뜨리는 게 아니다. 오르내림의 법칙을 모른 채 절망 앞에 무릎을 꿇는 본인 스스로 절망의 희생물이 되는 것이다. 스펜서 존슨의 저서 《피크앤드밸리》에 다음과 같은 이야기가 나온다.

"전성기든 침체기든 한곳에 영원히 머무를 수 있는 사람은 아무도 없네. 우리는 오르막과 내리막을 반복해서 지나가게 될 거야. 하지만 그렇다고 자신의 가치가 달라지는 것은 아니네. 어디에 있든 자신의 가치를 잊지 말고, 머물고 있는 순간순간마다 그곳을 진정으로 소중하게 생각하고 즐길 줄 아는 것이 바로 인생을 즐기는 비결이네."

절망, 실패, 슬픔의 또 다른 얼굴

큰아이가 초등학교 5학년 때였다. 둘째는 2학년이고 막내는 1학년이었다. 근무하던 곳에서 일을 그만둬야 하는 상황이 됐다. 그때 당한 거절은 거절 자체의 아픔 이상이었다. 막막한 생활고에서 오는 고민이 더 컸다. 우리 부부는 모아둔 돈도 없었다. 그렇다고 번듯한 집도 없었다. 퇴직금으로 탄 돈도 점점 수중에서 사라져갔다. 하루하루 지내는 것이 막막했다. 우리 부부는 가끔 하늘을 쳐다보았다. 눈물밖에 나지 않는다. 하지만 서로 격려했다. 내일이라는 희망이 있다고 말해주었다. 그러면서 아이들에게 상처를 주지 않으려 애썼다.

어느 날이었다. 친구가 집에 찾아왔다. 봉투를 내밀었다. 그 친구도 얼마나 힘겹게 살고 있는지 나는 잘 알고 있었다. 봉투에 든 돈이 다른 사람들

에게는 대수롭지 않은 것일지 몰라도 그에게는 큰돈이었다.

"자네도 어려운 줄 아는데 이게 무슨 돈인가?"

"응, 자네 주라고 생겼지."

나중에야 안 사실이지만 그 돈은 친구가 마이너스 카드로 긁은 돈이었다. 그것을 안 나는 감동과 미안함에 눈물을 흘리지 않을 수 없었다. 친구는 내가 당하고 있던 거절의 아픔을 외면하지 않았다.

거절의 아픔으로 눈물범벅이 된 사람은 진실한 위로와 격려 한마디로도 새로운 인생을 출발할 용기를 갖게 된다. 물질적인 도움이 아니면 어떤가? 따뜻하게 잡아주는 당신의 손에서 전해지는 체온이 더 소중하다. 꼭 안아주는 당신의 위로가 그에게는 엄청난 힘이 된다.

세상은 음양의 법칙이 있다. 양지가 있으면 음지가 있고 음지가 있으면 양지가 있다. 그래서 음지를 보면서 의식 속에 양지를 기대한다. 추운 겨울을 불평하고 원망하면서 신세타령을 하고 앉아 있는 사람은 봄이 다가오기도 전에 스스로 절망하여 죽음을 선택한다. 그러나 어떤 이는 따스한 봄을 미리 내다보면서 추운 겨울을 인내하고 기다린다. 아니 생명력을 충동질하는 봄을 맞이하기 위해 부시런히 준비한다. 그래서 인생은 항상 잔치다.

지옥과 같은 인생을 사는 사람들은 구름을 보면 마음이 우울해지고 어두워진다. 있는 그대로의 현실밖에 바라보지 못한다. 그러나 세상은 보이는 현실 너머에 또 다른 보이지 않는 세계가 존재한다. 이것은 형이상학적인 세계를 말하는 것이 아니다. 부정 너머에 있는 긍정의 세계, 긍정 너머에 있는 부정의 세계다.

절망 속에는 절망의 또 다른 얼굴인 희망이 있다. 실패 속에는 실패의 또 다른 얼굴인 성취가 있다. 슬픔 속에는 슬픔의 또 다른 얼굴인 기쁨이 숨어 있다. 지혜로운 사람은 구름 속에 감추어진 무지개를 바라보고 태양을 기대한다. 그래서 민들레 영토 지승룡 사장은 이렇게 말한다. "시련을 당하지 않는 사람은 없다. 중요한 것은 시련을 맞이하지 않는 것이 아니라 시련을 극복하고 이겨내는 것이다."

거절

과거에 머물러 있지 말라

"과거에 머물면서 그 과거가 당신을 지배하도록 놔둔다면 결코 성장할 수 없습니다."

독특한 토크쇼로 미국인뿐만 아니라 전 세계인의 인기와 사랑을 독차지한 인기 방송인 오프라 윈프리가 한 말이다. 그녀는 전 세계 시청자들에게 즐거움과 깨달음, 용기를 선사해주었다.

그런데 그녀가 자란 배경을 보면 기가 막힌다. 그녀는 미국의 미시시피주 흑인 빈민가에서 사생아로 태어났다. 세상에 나오면서부터 부모에게 거절당한 셈이다. 사람들은 피부가 까만 그녀를 피했다. 그녀는 할머니 집, 어머니 집, 아버지 집을 전전하며 자랐다.

아홉 살 때는 사촌 오빠에게 강간당하는 쓰디쓴 상처와 아픔을 겪어야만 했다. 비극은 한 번으로 멈추지 않고 계속되었다. 열한 살 때부터는 친한 이웃과 삼촌에게 반복적인 성폭행을 당했다. 열네 살 때 임신을 했고 스트레스로 조산했다. 2주 후에는 아이가 죽는 경험을 해야 했다.

어린 오프라 윈프리는 마약에 손을 댔고 감옥에 드나들기 시작했다. 몸은 어느새 100킬로그램이 넘는 뚱뚱한 여인으로 변해 있었다. 사람들은 그녀를 멀리했다. 외로움과 고독만이 그녀의 친구가 되었다. 밝은 빛이 들어올 틈새는 전후좌우 그 어디에도 없었다. 그러나 그녀는 무너진 삶에 주저앉아 있지만은 않았다. 그녀는 다시 일어났다. 그리고 사람들에게 박수갈채를 받았다.

거절의 아픔이 있는가? 거절당한 경험 때문에 세상 앞으로 나아가기가 두려운가? 사랑했던 사람한테 거절당한 경험 때문에 또 다른 만남이 망설여지는가? 좁은 대학이라는 문턱을 넘지 못해서 한 해 두 해 흘려보내고 있는가? 높디높은 취업의 문턱에서 거듭되는 거절을 경험하고 있는가? 그래도 한 번 너 일어나기 바란다. 새로운 기회의 문은 언제나 당신을 향해 열려 있다.

거절은 수치심을 느끼게 한다

인간에게는 거절에 대한 두려움이 있다. 어떤 의견을 제시하려고 할 때 '거절당하면 어떻게 하나?' 하는 생각이 먼저 앞선다. 자신이 제시한 의견이 다른 사람들에게서 거부당할 때 사람들은 이내 존재에 대한 거절로 받아들인다.

거절은 수치심을 느끼게 한다. 좋아하는 사람에게 고백했는데, 상대방이 그 손을 뿌리칠 때 얼마나 큰 상처가 몰려오는지 모른다. 삶에 대한 의욕도 생기지 않고, 창피하다는 생각만 든다. 사람들을 만나고 싶은 마음도 사라진다. 슬픈 감정을 주체할 수가 없다. 사랑하는 사람들에게 당하는 거절이야말로 인생의 초상화를 어둡게 한다.

한 남편이 저녁마다 아내로부터 거절을 당해왔다. 아내는 잠자리에 다가오는 남편에게 피곤하다는 핑계를 둘러대면서 오랫동안 잠자리를 피해왔다. 남편은 아내에게 다가갈 때마다 서운하다는 생각이 들었다.

그러던 어느 날이었다. 남편은 옛 대학 시절 여자 친구를 만나게 되었다. 여자 역시 남편에게 무시당하면서 살아온 터였다. 두 사람은 가까워지기 시작했고 깊은 관계를 맺게 되었다. 이 사실을 아내가 알게 되었다. 아내는 뒤늦게 남편의 마음을 다시 잡기 위해 다가갔지만 이제는 남편이 아내를 밀어내기 시작했다. 남편은 의도적으로 아내에게 상처를 주는 행동을 했다. 아내 역시 자존심이 상할 대로 상했다. 이것이 거절이 주는 상처다. 거절은 우리 마음속에 불쾌한 감정을 불러일으킨다. 그리고 불평과 불만을 낳는다. 결국 관계가 무참히 깨진다.

거절당할 때면 분노가 용암처럼 끓어오른다. 감정의 소용돌이를 잠재운다는 것은 그리 쉬운 일이 아니다. 그래서 사람들은 거절의 아픔 앞에 인생을 통째로 무릎 꿇리고 만다.

거절은
곧 잊힌다

<u>거절당했을 때 확대하여 해석하는 것이 문제다. 거절을 거절로서만 받아들이지 않고 다른 사건과 연관 짓곤 한다. 이것저것 연관 짓다보면 더 큰 실망감이 찾아온다. 거절은 그 사건에 대한 거절로 묶어두어야 한다. 세상이 다 자기를 버렸다고 생각하는 비약적 사고가 결국 문제를 일으킨다.</u>

잭 캔필드와 마크 한센이 공동으로 쓴 베스트셀러 《영혼을 위한 닭고기 수프》가 있다. 그러나 이 책의 원고가 처음 세상에 얼굴을 내밀었을 때 출간이 그리 쉽지만은 않았다. 무려 출판사 서른세 곳에서 출간을 거절당했다. "미안하지만, 이런 원고는 아무도 읽지 않을 것입니다." 말이 서른세 번이지 당사자들에게는 얼마나 힘든 일이었을까. 그런데 이 책은 후일 전 세계 언어로 번역되어 천만 부 이상 팔리는 대박을 터뜨렸다. 우리가 잊지 말아야 할

점은 한때 매몰차게 거절당하는 수모를 견뎌냈다는 사실이다.

거절이라는 쓰디쓴 아픔 속에 포기하고 싶을 때가 있는가? 어떤 이는 살고 싶은 용기마저 나지 않을 것이다. 농구계의 전설로 불리는 미국의 마이클 조던도 거절의 아픔을 겪었다. 그는 다섯 살 때 제2의 고향 노스캐롤라이나 주 웰밍턴으로 이사했다. 평소 운동에 관심이 많았던 그는 처음에는 농구가 아니라 야구에 관심이 있었다. 그래서 야구 선수를 꿈꾸며 열심히 운동했다.

열두 살이 되던 해에는 리틀 야구리그에서 우승하고 MVP도 수상하는 등 야구에 재능을 보이기 시작했다. 그러나 곧 야구에 싫증을 냈고, 다른 스포츠에 관심을 보이기도 했지만 그리 오래가지 못했다.

농구는 고등학교에 들어가면서 접하게 되었다. 하지만 당시 마이클 조던은 키가 작다는 이유로 학교 농구 대표팀에서 탈락했다. 그전까지 여러 스포츠에 뛰어난 능력을 보이던 마이클 조던은 자존심에 엄청난 상처를 입었다. 그러나 그는 거기서 주저앉지 않았다. 오히려 그 일을 계기로 자신의 실력을 증명하기 위해 끊임없이 노력했다. 평소 의욕 없던 태도도 바꾸고 승리욕과 열정에 불을 붙였다. 결국 마이클 조던은 꾸준한 노력으로 자신의 학교인 레이니 고등학교 대표선수로 선발되었다. 고교 3년 동안 평균 26득점 12리바운드 4어시스트를 기록하며 모교가 19회 우승을 차지하는 데 기여했다. 거절의 상처 앞에 무릎 꿇지 않고, 딛고 일어선 결과다. 그리고 지금의 자리까지 올 수 있었다. 마이클 조던은 사석에서 이런 말을 했다고 한다.

"내 성공의 비밀은 3,000번 정도의 슛 미스와 스물여섯 번의 비저비터 실패, 200번 정도의 패전에 있다."

거절을 두려워하지 말자. 거절은 당연히 다가온다. 거절의 아픔을 거절하면 된다. 거절의 아픔을 거절한 자리엔 성공 신화가 채워질 것이다. 문제는 거절의 상처를 두려워한 나머지 쉽사리 도전하지 않는 나의 잘못된 생각에 있다. 성공 신화를 이루어낸 사람들을 보라. 거절당한 경험이 없는 사람이 아니다. 거절당하는 아픔을 묵묵히 이겨내고 새롭게 도전한 사람이다. 그 결과 성공을 친구로 사귈 수 있었다.

거절당한 자리에 남는 것은 상처가 아니라 기회다

"얼마나 오랫동안 준비한 프로젝트인데 단칼에 거절해!"

물론 받아들이기 어렵겠지만 그럴 수도 있다. 그렇다고 당신의 인생이 거기서 끝나는 것은 아니다. 오히려 그 거절 덕분에 훗날 더 좋은 프로젝트로 거듭날 수도 있다.

"내가 자기를 얼마나 사랑했는데 어떻게 내게 이럴 수 있어?"

연애에 실패해 낙담한 사람들을 가끔 본다. 당사자에겐 세상이 다 무너져 내리는 것 같은 아픔이다. 극심한 충격에 빠져 사람들과의 만남을 거부하는 이들도 여럿 보았다. 이제는 더 이상 사랑할 수 없을 것만 같다.

　과연 거절은 피해 가야 할 암초일까? 그렇지 않다. 문제는 '이제 끝장이야'라고 생각하는 잘못된 생각이다. 오히려 그 거절이 더 좋은 사람을 만날 기회일지 아는가? 취업을 거절당한 것이 더 좋은 직장을 구할 기회가 될지 아는가?

　거절을 당하는 순간 그 자리에서 내뱉고 싶은 말이 있을 것이다.
　"내가 다시는 이 짓을 하나 봐라!"
　그 순간 당신의 인생은 다시 일어설 수 없는 불운의 나락으로 떨어질 것이다. 거절은 결코 'No'가 아니다. 받아들이기 어려운 말일지 몰라도 거절은 '또 다른 Yes'다. 거절당하는 순간 당신에게는 또 다른 기회의 문이 열리기 시작한 것이다.

"또 다른 시작은 모든 게 끝났다고 생각될 때 펼쳐진다."

20세기 미국의 성공한 작가 루이스 라모르가 한 말이다. 그는 무려 100편이 넘는 서부 소설을 써서 2백만 부 이상을 찍어낸 베스트셀러 작가다. 미국 작가로서는 최초로 의회가 주는 특별 훈장을 받기도 했다. 그러나 그에게는 쓰디쓴 기억이 있다. 그는 나이 열다섯에 10학년을 끝으로 학교와 고향을 떠나 이곳저곳을 다니게 되었다. 첫 원고를 쓴 후 출판을 하려고 했지만, 무려 350번이나 거절당했다. 그가 만약 349번째 거절당했을 때 포기했더라면 역사에 남는 위대한 작가가 될 수 없었을 것이다.

거절의 아픔을 당하고 있는가? 화낼 것 없다. 상심할 것 없다. 낙담해서 포기할 이유는 더군다나 없다. 누군가 나를 받아주지 않는다고 해서 모든 사람이 다 거절하는 것은 아니다. 먼저 거절당하는 이유를 찾는 지혜를 기르라. 사람들이 거절하는 데는 나름대로 이유가 있다. 인생에서 경험하는 거절의 아픔은 자신을 돌아볼 기회다. 거절당했을 때 분노의 횃불을 켤 것이 아니라 자신을 돌아볼 준비를 하라. 자신을 돌아보면 성장을 하게 된다. 그러니 거절은 자기 성장의 기회다.

미국의 토크쇼 진행자이자 성공 컨설턴트인 배리 파버의 첫 책은 출판사 스물여섯 군데에서 거절당한 끝에 비로소 세상에 나왔다. 그는 처음 원고를 거절당한 뒤 크게 상심했다. 그렇다고 마냥 손을 놓고 있을 수도 없는 노릇이었다. 그래서 그는 여섯 번째로 거절당했을 때 출판사에 전화해 정중하게 물어보았다.

"제 원고가 무엇이 문제입니까? 조언을 부탁합니다."

출판사는 다음과 같이 답했다.

"시중에 비슷한 책이 많아 출간이 망설여집니다."

그는 충고를 받아들였다. 그리고 자신만의 독특한 시각과 신선한 아이디어가 담긴 원고를 썼다. 그리고 다른 출판사 문을 두드렸다. 하지만 돌아온 대답은 마찬가지였다. 그는 다시 물었다.

"내 원고에서 부족한 부분이 무엇인가요?"

"출판사의 인정을 받는 데 필요한 요소가 무엇인지요?"

"출간할 방법이 없을까요?"

거절당할 때마다 그는 낙담하기보다는 거절당하는 이유를 물었다. 그리고 출판사의 제안에 따라 부족한 부분을 채워나갔다. 그러다보니 원고의 질은 점점 향상되었다. 마침내 스물일곱 번째 출판사가 책을 내자고 했다. 출판사 측은 다음과 같이 말했다.

"당신은 스물여섯 번이나 거절당한 원고가 아니라, 유능한 편집자 스물여섯 명의 충고가 담긴 원고를 책으로 내는 겁니다."

거절은 '끝'이라는 신호가 아니다. 다시 시작할 수 있는 '새로운 신호탄'이다. 끝은 끝이라고 생각하는 자신이 만드는 것이다. 거절을 새로운 신호탄으로 생각하는 사람에게는 새로운 기회의 문이 항상 열려 있다. 이쪽 문이 닫히면 저쪽 문이 열릴 수도 있다. 이게 아니면 어떤가? 저것일 수도 있다. 주눅 들지만 않으면 된다. 다시 한 번 도전하면 된다.

거절에 익숙해지는 방법

<u>이제 한번 정리해보자. '거절의 은총' 이라는 것을. 아마 소스라치게 놀라면서 외칠 것이다. "거절이 은총이라고?" 그러나 분명히 거절은 은총이다. 지혜로운 자는 거절이 왜 은총인지 알게 될 것이다. 거절은 겸손한 사람을 만든다. 거절을 당해봐야 다른 사람을 이해하는 폭도 넓어진다. 거절은 우리를 철들게 한다. 한두 번 당하는 거절 때문에 오히려 더 강한 사람이 되기도 한다.</u>

어느 보험 회사는 보험설계사들에게 모눈종이를 나눠 주면서 전화로 보험 상품을 홍보하다가 "No"라는 대답을 들을 때마다 가위표를 그리라고 당부했다. 그리고 "No"라는 대답을 250번 듣게 되면 1,000달러를 보너스로 지급하겠다고 약속했다. 이 보험사는 거절의 법칙을 적용한 것이다. "Yes"

라는 대답을 듣기 위해서는 수없이 많은 "No"라는 대답을 들어야 한다는 게 바로 거절의 법칙이다. 실제로 250번 정도 "No"라는 대답을 들은 직원들은 이미 회사에 만 달러 이상을 수익으로 가져다주었다.

거절이야말로 내 인생을 새롭게 디자인하는 은총이 아니겠는가? 앤서니 라빈스는 그의 저서 《네 안에 잠든 거인을 깨워라》에서 이렇게 말한다. "거절에 익숙해지는 가장 좋은 방법은 거절을 많이 당해보는 것이다." 거절을 많이 당해보라. 거절 앞에서 살아남는 법을 깨우치게 될 것이다.

거절을 자주 당한다는 것은 새로운 시도를 많이 하고 있다는 증거다. 거절당하지 않는다면 어떻게 새로운 시도를 할 수 있단 말인가? 새로운 도전은 당신의 삶을 새로운 차원으로 안내한다.

오늘 하루, 당신은 누구한테 어떤 거절을 몇 번이나 당했는가? 혹시 거절당한 적이 없는가? 그렇다면 당신은 어제와 같은 오늘을 살아가고 있는 것이다. 새로운 시도나 도전을 하지 않았다는 결정적 증거다.

누군가 말한다. "거절은 결코 No가 아니다. Yes를 위한 중간 간이역일 뿐이다." 거절은 당신이 변화를 시도하고 있다는 가장 확실한 증거다. 새로운 인생을 꿈꾸는 자는 거절을 두려워하지 않는다. 변화를 즐기라. 변화의 물결은 거절의 흔적도 남기기 마련이다. 거절을 망설이지 말고 그냥 즐기면 된다.

실패

책상 앞 공부로 얻을 수 없는 것

승리하는 습관을 지닌 자는 부정 속에서도 긍정을 본다. 그러나 패배하는 습관을 지닌 자는 긍정 속에서도 부정을 본다. 당신이 바라보는 각도만 조절하면 절망스러운 상황도 달리 보인다.

단테의 《신곡》을 보면 지옥문에 이렇게 쓰여 있다고 한다. "이곳에 오는 자는 모든 소망을 버려라." 소망이 없다면 그곳이 바로 지옥이다. 지옥에는 절망만 기다릴 뿐 한 가닥 희망도 없다. 희망이 없는 절대 절망의 상태야말로 산지옥이다. 절망 속에서는 살아야 할 이유조차 없다. 반대로 인간이 살아가는 데 가장 필요한 것은 소망이다. 소망이 있으면 어떤 상황도 극복할 수 있다. 그렇기에 절망은 불행으로 들어가는 문이요, 소망은 행복으로 들어가는 문이다. 절망에 빠져 있는가? 산지옥으로 들어가는 문어귀에 서 있음을

자각해야 한다. 불행이 당신을 향해 아귀를 벌리고 있음을 명심해야 한다.

절망의 밤에 우리가 해야 할 일이 있다. 절망이 다가온 목적과 의미를 깊이 생각하는 일이다. 절망의 골짜기에서 우리는 왜 나에게 이런 절망의 밤이 찾아왔는지를 깊이 연구해야 한다. 인생에 우연은 없다. 우연을 가장한 필연 속에 내 인생의 목적이 숨겨져 있다. 그것만 발견하면 절망을 이길 수 있다. 어떠한 절망 가운데서도 절망 속에 담긴 의미만 발견할 수 있다면 그것은 더 이상 절망이 아니다.

절망스러운 상황은 우리를 겸손하게 한다. 절망 앞에 설 때 우리는 우리가 피조물임을 인정하지 않을 수 없다. 절망은 내려놓음을 실천하는 훈련장이다. 더 이상 자신을 과신하지 않게 하고 교만함을 내려놓게 한다.

인생은 때때로 우리가 의식하지 못하는 사이에 궤도를 이탈할 수도 있다. 우리에게 찾아오는 절망의 순간은 그때 궤도 수정을 요청한다. 그렇게 볼 때, 당신에게 다가오는 절망은 인생을 수리하기 위한 일종의 친절한 사인이다. 인생에서 무엇을 수정해야 하는지 생각해보라. 그것만 찾으면 당신의 인생은 더 나은 궤도를 향해 올라갈 수 있을 것이다.

"하늘 높은 줄 모르고 오르기만 할 것 같던 인기가 떨어지고 이름이 잊히면서 삶이 중심을 잃고 송두리째 흔들렸죠. 헤어날 수 없을 것 같았던 긴 방황의 터널을 빠져나오는 데 10년이란 세월이 걸렸습니다. 지금 여러 가지로 어려움에 부닥친 분들이 제 인생을 통해 다시 시작할 수 있는 용기를 얻을 수 있으면 좋겠습니다."

한때 인기 최정상을 누리던 가수 김민우의 고백이다. 그는 〈사랑일 뿐야〉, 〈입영열차 안에서〉, 〈휴식 같은 친구〉라는 곡으로 가요계에 혜성처럼 등장했다. 무명이었던 신인이 졸지에 톱스타 가수가 되었다. 〈입영 열차 안에서〉가 인기 절정을 달릴 때 소속사에서는 기발한 전략을 내놓았다. 실제로 입대를 해 인기를 극대화하자는 것이다. 그는 소속사의 제안대로 갑작스레 입대했다.

그런데 그것이 인생의 내리막길이 될 줄은 아무도 몰랐다. 군 복무를 마치고 연예계로 복귀한 그는 2집, 3집을 잇달아 냈다. 그러나 그의 부활은 뜻대로 되지 않았다. 이미 가요계는 '서태지와 아이들'의 등장과 함께 발라드에서 댄스로 넘어가고 있었던 것이다. 그렇게 그의 시대는 막을 내려야만 했다. 그 후 생계를 꾸리기 위해 전국의 밤무대를 전전하며 뛰었고 재기를 꿈꾸며 빚을 내 악기와 작업실도 마련했다. 그런데 그것마저 화재로 다 날리고 말았다. 그에게 남은 것은 빚 수백억 원과 신용불량자라는 딱지뿐이었다. 그는 모든 것을 잃었다. 부모님과 함께 월세방으로 내몰렸다. 더 이상 물러설 데가 없는 벼랑 끝, 추락할 곳이 없는 밑바닥으로 떨어졌다.

그러나 그는 용기를 잃지 않았다. 그는 두 가지를 결심했다. '가수라는 화려했던 기억을 깨끗이 잊자. 그리고 무슨 일이든 하자.' 그럼에도 인기 가수였다는 과거를 지우는 것, 체면과 자존심을 모두 내려놓고 밑바닥부터 시작한다는 것은 결코 쉬운 일이 아니었다.

2004년 나이 서른네 살에 수입 자동차 판매회사에 영업사원으로 입사했다. 그는 많은 난관과 시행착오를 경험했다. 그러나 성실과 근면 그리고 끈기를 바탕으로 피나게 노력했다. 급기야 입사 1년 만에 판매왕에 오르게 되었다. 실로 꿈같은 일이었다. 1년 뒤에 그는 다른 회사로 옮겼다. 2006년 그는 다시 판매왕에 올랐다. 그의 삶은 《나는 희망을 세일즈한다》라는 책으로 엮였다. 지금은 대경대 자동차딜러학과 전임교수로 매주 강의를 나간다. 그리고 기업체 섭외 1순위 명강사로도 꼽힌다.

　지금도 인생 역전 드라마는 연출되고 있다. 당신에게 다가온 위기와 시련은 오히려 성장과 변신을 돕는 자양분이다. 이 시대는 어떤 위기와 절망적인 상황이 닥쳐와도 진정성을 바탕으로 하나하나 극복해나가는 능력을 갖춘 사람을 요구한다. 그것은 책상 앞에서 하는 공부만으론 결코 얻을 수 없는 능력이다.

실패하라 최대한 많이

미국에 스티브 잡스가 있다면 영국에는 제임스 다이슨이 있다. 영국의 왕립 미술학교에서 산업디자인을 전공한 그는 다이슨의 창업자이기도 하다. 어떤 경우에도 좌절하지 않았던 그는 강인한 마인드와 함께 품질에 대한 높은 기준으로 현재의 자신을 만들었다. 또한 날개 있는 선풍기를 날개 없는 선풍기로 바꾸어 세계적인 명성을 얻는 등 100년이 넘도록 고정관념에 사로잡힌 사람들의 생각을 바꾸어놓았다. 세계 제일의 진공청소기를 개발할 때는 특허를 무려 1,100개나 따냈다니 가히 놀랍기만 하다.

그는 '성공은 99%의 실패로 이루어진다'라는 신념을 지닌 사람이었다. 그래서 직원들에게 오히려 실패를 독려할 정도였다. 그는 직원들에게 언제

나 "새로운 일에 도전하라"라고 지시했다. 실패를 해야 빨리 배운다는 것이다. 특히 그는 "우리는 예전과 다른 환경에서 남과는 다른 일을, 다른 방식으로 하길 원한다"라고 역설했다. 끝없는 혁신, 즉 새 방식만이 발전을 가져온다는 것이다. 그는 구태의연한 사고와 삶의 방식은 혁신을 낳을 수 없다고 여겼다.

실패는 혁신의 요소일 뿐 아니라 리더십의 요소라고 해도 과언이 아니다. 미국 하버드 경영대학원HBS교수이면서 리더십 전문가인 스콧 스눅은 영웅적 혹은 카리스마적 리더십 시대는 저물고 있다고 말한다. 이제는 진정성

리더십authentic leadership의 시대가 열렸다는 것이다. 그래서 그는 "진정성 있는 리더가 되기 위해선 때론 실수도 저지르고 두려워할 줄도 아는 불완전한 인간이라는 사실을 인정해야 한다. 그리고 이를 스스럼없이 밝힐 수 있어야 한다"라고 말한다. 리더가 자신의 실수나 한계를 공개할 때 조직원들과 투명하고 인간적 관계를 유지할 수 있고 장기적으로 조직 역량이 강해진다는 것이다.

사람들은 실수나 실패가 없는 완벽한 사람이 부럽다고 착각하곤 하지만 그런 직장 상사를 둔 부하 직원은 죽을 맛일 것이다. 사람들은 실수가 없고, 실패도 하지 않는 사람에게 매력을 느끼는 것이 아니다. 비록 실수하고 실패하더라도 그것을 인정할 수 있는 용기를 가진 사람에게 매력을 느낀다.

사소한 일에도 실패할 수 있다.
대단한 능력이 있어도 실패할 수 있다.
아무리 지혜를 동원해도 실패할 수 있다.
무지막지하게 노력했는데도 실패할 수 있다.
주변 사람들이 적극 도와주어도 실패할 수 있다.
든든한 자원이 있어도 실패할 수 있다.

그렇다. 실패는 특별한 사람들만이 하는 것이 아니다. 누구나 실패할 수 있다. 다른 사람들이 실패한다면 나 역시 실패할 수 있다. 문제는 그 실패를 어떻게 도약의 기회로 활용할 것인가다.

실패는 실패하지 않는 법을 가르쳐주는 훌륭한 조련사다. 실패를 반복하지 않기 위해 생각을 바꿔야 하고, 삶의 태도를 고쳐야 하기 때문이다. 혁신하지 않으면 실패는 언제든지 따라온다. '이게 내 삶의 방식이야' 라고 고집하다가는 그 고집이 또 다른 실패로 몰아갈 것이다.

제임스 다이슨은 말한다. "나는 실패를 사랑한다. 학생들의 성적을 매길 때도 얼마나 많이 실패했는지를 기준으로 평가해야 한다고 생각한다. 더 많이 실패한 학생일수록 더욱 창의적인 아이디어를 내놓을 수 있기 때문이다. 위험을 감수하지 않으면 발전도 없다."

처음으로 한 부부 싸움

우리 부부는 서로 가난한 사람끼리 만나서 결혼했다. 나는 대학원에 다니고 있었고, 아내는 직장을 다니면서 공부를 했기 때문에 모아둔 돈이 없었다. 결혼은 했지만, 단칸방 생활을 하게 되었다. 보증금 100만 원에 월 18만 원을 방세로 내야만 했다. 그러니 혼수품이나 가구는 형편없는 수준이었다. 나중에야 안 일이지만, 아내도 눈물을 흘리면서 결혼 준비를 했다고 한다.

결혼해서 2, 3주가 지났을까? 우리 부부는 처음 부부 싸움이라는 것을 했다. 사실 부부 싸움이라고 할 것까지도 없다. 내가 일방적으로 아내의 마음에 상처를 주었을 뿐이니까. 오랜만에 집에 놀러온 고향 친구와 함께 우리는 즐겁게 이야기꽃을 피우고 있었다. 그런데 대화를 나누는 중에 나는 아내에게 하지 말았어야 할 말을 하고 말았다. 그것도 친구 앞에서.

"당신은 결혼하면서 해온 것이 뭐가 있는데……."

　아내의 자존심을 무참히 짓밟아놓은 것이다. 남편의 입에서 나온 무지막지한 말을 들은 순간 아내는 눈물을 줄줄 흘렸다. 그러는 사이 친구는 돌아갔고, 아내는 아무 말도 없이 방문을 열고 나갔다. 덜컥 불길한 생각이 들었다. 그래서 이내 밖으로 나가 아내를 찾아보았다. 그런데 아무리 돌아다녀도 아내를 찾을 수가 없었다. 몇 시간이 지났을까? 아내는 집으로 돌아왔다. 나는 아내에게 한 무례한 말실수에 대해 용서를 구했다. 화가 풀리지 않은 아내는 이틀이 지난 후에야 용서해주었다. 지금은 아내와 웃으며 할 수 있는 이야기이지만 그때는 우리 부부의 결혼 생활에 큰 위기를 가져올 뻔한 사건이었다.

그 일을 계기로 나는 우리 부부의 앞날을 내다볼 지혜를 얻었다. '부부라고 하는 것이 결혼식을 하고, 한 지붕 아래서 함께 산다고 행복해지는 것이 아니구나. 이렇게 섬세한 주의가 필요하구나.' 그 후로는 매사를 좀 더 신중하고 세심하게 접근하게 되었다. 물론 서로의 가슴에 그렇게 큰 못을 박는 일도 없었다. 신혼 초기 한순간의 실수를 통해 우리 부부는 아주 소중한 결혼 생활의 비법을 터득한 셈이다.

지혜로운 사람은 실패를 통해 인생을 한 수 배운다. 그러면서 우리는 성장해가고 더 나은 삶을 살아간다. 사실 인생은 매 순간 긴장이 필요하다. 방심하는 사이에 관계를 무너뜨리는 악성 바이러스가 침투하기 때문이다.

실패는
포기할 때
확정된다

일이나 상대방을 너무 얕잡아 보는 습관을 끊으라. 우리가 해내야 할 일은 결코 그렇게 호락호락하지 않다. 우리가 상대해야 할 사람들 역시 만만한 상대가 아니다. 우리보다 뛰어난 능력을 갖추었을 수도 있고 우리의 해법이 틀렸을 수도 있다. 상대방을 얕잡아 보는 사람은 자기 계발과 자기 점검에 만전을 기하지 않는다. 비록 상대방이 별 볼일 없고 맡은 일이 하찮은 것일지라도 최선을 다하는 자세가 필요하다.

어떤 일을 도모하려면 먼저 상대를 정확하게 분석하고, 그에 따른 준비를 철저히 해야 한다. 대비책을 갖추지 못한 채 도전하게 되면 실패할 수 있다. 만약 실패했다면 그 원인은 무엇인지 아플지라도 냉철하게 분석해야 한다. 그리고 그 진단서에 따라 지혜롭게 대비책을 강구하면 된다. 실패해도 또 다른 기회가 있다. 대학에 떨어져도, 사업에 실패해도, 승진을 못 해도, 연애에 실패해도 기회는 또 기다린다. 실패를 분석하는 지혜와 능력만 갖추었다면 다음번에는 성공할 수 있다.

러시아 속담에 이런 말이 있다. "병사여, 인내하라. 곧 장군이 될 것이다." 어떤 일을 성취하고자 하는 기대가 강한 사람은 쉽게 포기하지 않는다. 그들은 자신이 하는 일의 가치를 알고 달려가는 사람이기 때문이다. 반면 자신이 하는 일에 대한 가치를 모르는 사람은 작은 장애물 앞에서도 쉽게 주저앉고 만다. 실패는 포기할 때 비로소 확정된다.

질병이라는 불청객을 대하는 법

어느 날 새벽이었다. 내게 정말이지 원치 않는 불청객이 방문했다. 속이 너무 쓰러서 잠에서 깨어났다. 송곳으로 찌르는 듯한 고통에 한참 동안 이리 뒹굴고 저리 뒹굴었지만 고통은 사라지지 않았다. 시계를 보니 새벽 2시 반이었다. '왜 이러지? 어제 음식을 잘못 먹었나?' 고통스러운 배를 움켜잡고 다시 잠을 청하려 애를 썼지만 당최 잠을 이룰 수가 없었다. 결국 우리 부부는 뜬눈으로 밤을 지새웠다.

다음 날 이른 아침, 우리 부부는 병원을 찾았다. 찡그린 얼굴을 한 환자들의 얼굴이 하나둘 눈에 들어왔다. 겁에 질린 나는 의사 선생님께 도움을 요청하며 순한 양같이 진찰에 응했다. 몸 상태에 대해 상세히 설명했고 위내시경 검사를 했다. 잠시 후에 결과가 나왔다. 급성 위궤양이라는 진단이다.

그때부터 나는 3개월 동안 절제 훈련에 돌입했다. 시간을 지켜서 약을 복용하는 것은 물론이고 짜고 매운 음식, 밀가루가 들어간 음식, 기름기가 많은 음식은 피했다. 좋아하던 짜장면도 끊었다. 먹고 싶다고 먹었다가는 바로 설사로 이어지니 어쩔 수 없었다. 식사량을 조절하고 시간을 지켜서 음식을 먹는 일은 결코 쉬운 일이 아니었다. 평소 즐겨 마시던 커피도 마실 수가 없으니 스트레스가 쌓였다. 스트레스를 받지 말라고 했지만 스트레스를 안 받을 수가 없는 정말 힘든 나날이었다.

그러나 어쩌겠는가? 살려니 어쩔 수가 없었다. 이제 나에게는 전혀 다른 새로운 습관들이 필요했다. 새로운 식생활 습관과 생활 패턴을 받아들이지 않으면 더 심각한 상태로 치달을 수도 있었다. 결국 나는 고된 훈련과 절제된 생활을 통해 위궤양을 고칠 수 있었다. 지금도 내시경 검사를 하면 그때의 흔적이 뚜렷이 남아있지만.

우리를 방문한 불청객은 우리의 마음과 영혼을 마구 뒤흔들어 뒤숭숭한 상태로 만든다. "왜 하필 나에게 찾아왔느냐?"라고 화를 내봐야 별수 없다. 화를 내면 낼수록 삶은 더 어수선해지고 뒤죽박죽이 된다.

공포심을 조장하는 질병은 우리의 마음을 염려와 불안의 도가니로 몰아

간다. 불안한 심리 상태는 주변 사람들에게 짜증을 부리도록 부추기고, 매사에 냉소적인 사람으로 전락시킨다. 결국 주위 사람들도 하나둘 떠나간다.

질병이 몰고 오는 고통은 삶의 의욕을 강탈한다. 어떤 일도 하고 싶지 않다. 해봐야 별 의미가 없을 것 같다고 여기게 된다. 우리 안에 왕성하던 의욕은 무자비하게 짓밟혀 결국 무기력한 존재가 되어간다. 일에 대한 의욕을 상실한 나에게 직장은 관대하지 못하고, 일에 집중하지 못하는 나를 위해 사업은 번창하지 않는다.

    질병을 치료하기 위해 이런저런 사람들의 이야기를 귀동냥한다. 좋은 치료 방법이라고 하면 가리지 않고 시도하고, 직접 찾아가기도 한다. 이런저런 음식에 대한 상식을 하나둘 섭렵해가니 몰랐던 의학 상식도 제법 늘게 된다. 어디 그뿐인가? 그동안 친하지 않았던 병원들에 대한 정보도 상당한 수준이다. 그러자니 돈이 오죽 많이 들겠는가? 물론 시간 투자도 만만치 않다. 질병이 가져다주는 삶의 무질서와 혼란은 가히 야만적이라 할 수 있다.

    어느 교회에 사업을 하던 장로님이 계셨다. 어느 날 그는 의사에게 말기

암이라는 판정을 받았다. 순간 머리가 하얗게 되는 느낌이었을 것이다. 의사는 바로 항암 치료를 들어가자고 제안했다. 그러나 그는 "며칠 동안 생각할 여유를 주십시오"라고 부탁했다.

집으로 돌아온 그는 자신에게 다가온 질병을 두고 이런저런 생각을 하기 시작했다. 인생을 돌아보기도 하고, 앞으로 남은 짧은 시간을 계산해보기도 했다. 그리고 하나님 앞에 나아가 눈물로 기도하기도 했다.

며칠 후 다시 의사를 찾았다. 환자를 보자 의사는 반갑게 물었다.

"생각은 해보셨나요?"

"예, 그동안 생각을 거듭한 끝에 결론을 내렸습니다. 저는 저게 찾아온 암을 친구로 삼고 친하게 지내기로 했습니다."

물론 이 결정을 내리기까지 가족들은 극구 반대했다. 그러나 그의 결심은 너무나 단호했다.

"저는 남은 생애를 아내와 함께 여행하며 보내겠습니다. 그리고 하나님께서 기회를 주시는 대로 간증하며 시간을 보낼 생각입니다."

결국 의사도 환자의 의지를 꺾을 수가 없었다.

그에게는 사후 세계에 대한 확신이 있었다. 그 확신은 질병으로부터의 자유를 주었다. 물론 하나님께서 치유하시면 감사한 일이다. 그러나 하나님께서 치유하지 않고 죽음이 눈앞에 닥쳐올지라도 전혀 동요하거나 원망하지 않을 것 같았다.

결국 그는 나머지 인생을 암을 친구로 삼아 보냈다. 아내와 더불어 여행을 즐겼고, 남은 시간을 가족과 함께 의미 있게 보냈다. 많은 교회를 방문해 자신이 경험한 하나님을 간증하고 전도했다. 결국 그는 3년 후 하나님의 부르심을 받았다. 임종을 맞은 그의 얼굴은 너무나 편안했다.

<u>우리가 발버둥친다고 해서 질병은 떠나가지 않는다. 마음만 불편해질 뿐이다. 받아들여야 할 것은 받아들이는 것이 편하다.</u> 속상한 마음에 세상을 원망하고 탄식하며 살아가봐야 질병만 더 키울 따름이다. 그렇다고 치료를 위해 노력하지 말라는 말은 아니다. 다만 <u>질병이 빼앗아갈 수 없고, 죽음마저도 빼앗아갈 수 없는 영혼의 안정을 누리는 비법을 찾는 것이야말로 우리가 터득해야 할 삶의 지혜가</u> 아니겠는가?

받아들이는 것과 희망을 잃지 않는 것은 다르다

건강을 잃으면 모든 것을 잃는다. 건강은 어떤 일이 있어도 포기할 수 없다. 그래서 사람들은 이런저런 애를 쓴다. 다이어트도 하고, 없는 시간을 쪼개 산책이나 등산을 하기도 한다. 어려운 형편 속에서도 수영이나 헬스 회원권을 끊는다. 요즘은 음식도 마구 먹지 않고 웰빙 음식을 골라서 먹는다.

지혜로운 사람은 건강을 잃기 전에 소중히 관리한다. 그런데 불행하게도 사람들 대부분은 소 잃고 외양간 고치는 격으로 살아간다. 건강이 중요한 줄 알면서도 먹고살아야 하므로 건강을 해치면서 일한다. 스트레스가 몸에 얼마나 해로운 줄 알면서도 좀처럼 스트레스에서 탈출하지 못한다. 죽을 줄

알면서도 잠시 누릴 쾌락을 참지 못해서 죽음의 늪으로 스스로 기어들어가기도 한다. 술이나 담배 때문에 간이나 폐가 망가지는 무책임한 삶을 살았으면서도 순간적인 쾌락을 참지 못하고 또 다시 한쪽 구석에서 술·담배를 즐긴다.

세상에 질병을 피해 갈 용사는 한 사람도 없다. 어떤 이는 "나는 아직까지 한 번도 입원해본 적이 없다"라고 자랑한다. 그 자랑이 언제까지겠는가?
아는 사람이 대형 마켓을 갔다. 마켓을 나와 사람들에 섞여 도로를 건너는 순간이었다. 무엇인가 눈앞을 휙 지나갔다. 발에 이상한 느낌이 들어 내려다보니 피가 흐르고 있었다. 차가 발끝을 밟고 지나간 것이다. 병원에 가보니 뼈는 이상이 없고 힘줄이 끊어졌다고 한다. 병문안을 갔는데 그가 이런 말을 했다.
"병원에 와서 누워본 것이 처음이에요."
인생은 이렇듯 예측할 수 없는 것이다.

서강대 장영희 교수는 암과 투병을 하다가 끝내 세상을 떠났다. 그녀는 영문학자이고 번역가며 수필가이기도 하다. 그녀는 태어난 지 1년 만에 척수

성 소아마비를 앓아 두 다리를 쓸 수가 없었다. 다섯 살이 될 때까지 제대로 앉지도 못해 누워 있어야만 했다. 초등학교 3학년 때까지 그녀의 어머니는 딸을 업고 학교에 다녔다. 어머니는 딸을 화장실에 데리고 가기 위해 두 시간에 한 번씩 다시 학교로 와야만 했다.

그 후에도 그녀는 평생 목발을 의지해 살아야만 했다. 엎친 데 덮친 격으로 2001년부터 9년간 세 차례나 암에 걸려 투병 생활을 했다. 2001년에 유방암에 걸렸으나 강인한 의지로 다시 회복했다. 그런데 2004년 암이 척추에 전이되고 말았다. 그 암은 다시 간으로 전이되었다. 그녀는 힘겨운 투병 생활 끝에 결국 인생을 마감했다.

그녀는 어느 일간지에 3년간 《장영희의 문학의 숲》이라는 칼럼을 연재했다. 칼럼을 마치는 마지막 글에서 그녀는 이런 말을 남겼다. "신은 다시 일어서는 법을 가르치기 위해 넘어뜨린다고 나는 믿는다."

그녀는 결국 간암으로 세상을 떠났지만 그녀가 남긴 말은 많은 사람들의 가슴에 심금을 울린다. 그녀는 마지막까지 다시 일어서기 위해 몸부림쳤다.

"요즘 저를 두고 '불운을 딛고 일어선 장영희', '희망의 상징' 이렇게 표현하는 게 굉장히 싫습니다. 저는 절대로 불운하지 않았어요. 완전히 반대입니다. 훌륭한 가족 사이에서 태어났고요. 신체장애란 단지 겉으로 보이는 것일 뿐이에요. 수십억 인구 모두에게 물어보세요. 사랑을 못 받는다든지, 인간관계 형성에 문제가 있다든지, 누구 하나 장애가 없는 사람이 없어요. 그건 더 슬픈 장애거든요. 희망이라는 것은 장영희만 가지는 특별한 힘이 아니라 인간의 본능적인 힘이에요."

어떤 질병에 걸렸든지 마지막까지 희망의 끈을 내던지지 말아야 한다. 현실을 받아들이는 것과 희망을 저버리는 것은 차이가 있다. 질병이 찾아온 현실은 인정해야 한다. 그러나 마지막까지 희망을 잃지는 말아야 한다. 어떤 일이 있어도 낙담하지 않고 포기하지 않는 태도가 중요하다. 우리의 삶은 어떤 일이 있어도 마지막까지 포기하지 않을 충분한 가치가 있다. 그게 자신을 위한 최소한의 배려이고, 자신의 삶을 허락한 하나님과 부모님에 대한 예의다.

무엇이
　　우리를
　　　감사하게
　　　　하는가

발명왕 토마스 에디슨은 어렸을 때 저능아 취급을 받아 학교에서 쫓겨났다. 하지만 왕성한 호기심과 함께 연구에 대한 남다른 열정을 지녔던 그는 평생 천 가지가 넘는 특허를 등록했다. 그는 너무 열심히 연구하다가 귀가 먹었다. 멀쩡하게 듣던 사람이 갑자기 듣지 못하게 되는 것이 얼마나 답답한 일일까? 그러나 그는 질병을 대하는 태도가 달랐다. 에디슨이 귀가 들리지 않게 된 것을 알고 기자가 찾아와서 인터뷰했다. 그때 에디슨은 이렇게 이야기했다.

"나는 귀가 먹었다고 낙심하지 않습니다. 그리고 하나님께 감사합니다. 귀가 들리지 않으니 연구할 때 더 몰입할 수 있게 되었습니다. 감사합니다."

그는 질병을 다른 사람들과 다르게 다루었다. 잃어버린 것을 붙들고 한탄하고 원망하며 살지 않았다. 오히려 자신에게 남아 있는 것을 붙들고 산 사람이다. 자신에게 주어진 것에 감사할 줄 알았던 그는 절대 감사가 무엇인지 알고 있었다.

나는 평소 목소리가 좋다는 말을 자주 듣곤 했다. 찬양도 즐겨 했고 노래도 곧잘 불렀다. 그런데 어느 순간부터 노래하는 것이 겁났다. 성대 상태가 좋지 않았기 때문이다.

목에서 쉰 소리가 나오고 늘 뭔가 걸려 있는 느낌이었다. 답답하고 말하기조차 싫었다. 누군가 대화를 걸려고 하면 겁부터 먹었다. 그래서 동네 이비인후과를 찾아가 진찰을 받아보았다. 역류성 식도염이라는 진단이 나왔다. 오랫동안 치료를 하고 약을 복용했다. 그러나 차도가 없었다.

혹시나 싶어서 내과를 찾아갔다. 그리고 의사의 처방대로 약을 복용했다. 역시 효과를 볼 수가 없었다. 어쩔 수 없다는 생각에 그냥 지내기로 마음먹었다. 2~3년이 지났을까? 어느 날 목이 너무 불편해서 도저히 말을 할 수가 없었다. 다시 이비인후과를 찾아서 진찰을 받았는데 성대에 멍울이 생겼

다는 진단을 받았다. 성대 결절이라는 것이다.

3주간 치료를 하면서 약을 복용했다. 그런데도 나아지지가 않았다. 결국 대학 병원으로 가서 진찰을 받고 2주간 더 약을 복용하면서 치료를 시도했다. 그러나 최종적으로 수술해야 한다는 결론에 도달했다.

사실 레이저 수술은 간단했다. 중요한 건 그 이후에 관리를 잘하는 것이다. 나는 좋은 선생님을 만났고 수술도 잘됐다. 그리고 한 달 휴양을 하면서 관리를 잘해서 지금은 불편함 없이 지내고 있다.

간단한 질병을 앓으면서 많은 것을 배우고 깨달았다. 목 관리에 대한 많은 정보를 얻게 되었고 인생이란 게 별것 아님을 깨닫게 되었다. 그래서 예전보다 더 숙연해지고 겸손해졌다. 가족이 얼마나 소중한지 건강한 게 얼마나 감사한 일인지도 뼈저리게 느꼈다. 그래서 하루하루 감사하며 살기로 했다.

감정 통제하기

힘겨운 상황이 닥쳐오면 감정을 통제하기가 어려워진다. 감정은 우리의 사고를 병들게 한다. 그래서 극단적인 생각으로 치닫는다. 인생은 해석이다. 질병이 문제가 아니라 그 질병을 해석하는 우리의 반응이 문제다. 최악의 상황 속에서도 평온하게 대처하는 사람이 있는가 하면 별것도 아닌 일로 호들갑을 떠는 사람도 있다. 그들이 문제에 대처하는 양상은 전혀 다르다.

《고래 뱃속 탈출하기》라는 책에 이런 이야기가 있다. 어느 여인이 몸이 아파서 병원을 갔다. 검사 결과 종양이 발견되었다. 당장 종양을 제거해야 한다는 의사의 말을 듣자마자 그녀는 펄펄 뛰었다. 암이 틀림없다면서 당장에라도 죽을 것처럼 호들갑을 떨었다.

그러나 남편은 달랐다.

"아직 정확한 진단이 나오지 않았어요. 단순한 종양일 수도 있으니까

너무 절망하지 말아요. 설령 암으로 판명되더라도 다행히 일찍 발견했으니 수술만 하면 완쾌될 거예요. 진정해요."

남편의 격려에도 아내는 마음을 가라앉힐 수가 없었다.

"암이 틀림없어요. 수술해도 아무런 소용없을 거에요. 어차피 죽게 될 거니까."

"간단한 수술이오. 왜 죽을 거라고 생각하는 거지?"

"제가 죽으면 당신이랑 아이들은 어떻게 하죠?"

"우린 괜찮을 거요. 아니 우리 걱정은 전혀 할 필요가 없어요. 당신은 곧 낫게 될 거요."

"아, 죽고 나면 어떻게 될까요?"

남편은 화가 치밀어 올랐다. 그러나 힘들어하는 아내를 생각하면서 꾹 참고 말했다.

"어떻게 되긴 천국에 가는 거지."

결국 남편의 생각이 옳았다. 아내의 종양은 양성이었다. 수술 후유증도 없었다.

인생에 나쁘기만 한 상황은 드물다. 최악의 상황이라도 어딘가 분명 좋은 구석이 있다. 나쁜 것만 보려고 하는 우리 마음이 문제다.

<u>인생은 마음먹은 만큼 행복하다. 긍정적인 생각을 하고, 희망을 버리지 않는 사람은 어떤 질병이 닥쳐와도 절망에 빠지지 않는다. 아무리 나쁜 질병에 걸려도 우리의 생각이 병들지 않았다면 아직 희망은 남아 있다. 병든 생각을 하는 사람에게는 희망마저도 절망으로 보이는 법이다. 그들은 얼마든지 좋아질 상황도 끝장난 것처럼 간주해버린다. 행복은 상황이 만들어주</u>

<u>는 것이 아니라 내 마음이 결정한다.</u>

　참 나쁜 버릇을 지닌 사람이 있다. 걸핏하면 극단적으로 생각하는 사람이다. 알고 보면 별것도 아닌데 매사를 극단적으로 생각하는 버릇 때문에 일을 훨씬 더 극단적인 방향으로 몰아간다. 하지만 누구나 겪는 일이다. 수습 모드로 나가면 간단하게 해결할 수 있는 일이기도 하다. 차근차근 생각하고 찾아보면 해결책은 얼마든지 있다.

　그들은 금방 죽을 것처럼 생각한다. 자기에게만 이런 일이 닥쳤다고 생각한다. 희망은 어느 구석에도 없다고 단정해버린다. 그래서 스스로 죽음의 늪으로 뛰어든다. 그러나 세상은 그렇게 절망적이지 않다. 스스로 희망의 문을 닫지만 않으면 새로운 도전의 기회는 얼마든지 열려 있다. 스스로 절망의 문을 열어젖혀서 주위 사람들을 더 가슴 아프게 하지는 말자.

인생을 정리하는 시간

질병은 거추장스럽다. 그러나 다른 차원에서 생각하면 강요된 안식의 계절이기도 하다. 많은 사람이 질병을 통해 하나님을 찾게 된다. 질병은 하나님께로 나아가게 하는 기도의 끈이며 새로운 인생의 문을 여는 열쇠다. 위대한 설교자이자 저술가인 앤드루 머레이는 240여 종에 이르는 도서와 소책자들을 썼다. 실로 엄청난 저술 활동이다. 머레이의 책들 가운데 상당수는 설교 시리즈나 대화에 기초하고 있다. 이런 작품이 건강했기 때문에 만들어졌을까?

그는 40대 초반에 2년 동안 거의 목소리를 낼 수 없었다. 인후염이 찾아왔기 때문이다. 만약 그에게 질병이 없었다면 저술 활동은 상당히 줄어들었을 것이다. 그에게 찾아온 질병은 하나님의 섭리였다. 그는 이 시기를 거의 전적으로 저술 활동에 할애했다. 질병은 그를 더 많은 작품의 세계로 안내했

다. 어디 그뿐인가? 그는 고난의 시기를 겪으면서 친절함과 부드러움을 배울 수 있었다. 그에게 찾아온 질병이야말로 인격을 훈련하는 신의 선물과도 같았다.

지혜로운 사람들은 질병을 도약의 기회로 만든다. 질병을 통해서 새로운 도전을 하기도 한다. 질병을 통해 깊게 자아 성찰을 하기도 한다. 질병이라는 불청객과 더불어 시간을 보내면서 더 성숙한 인생으로 나아간다. 질병이야말로 인생을 정리해보는 소중한 시간이다.

카네기멜론대학교의 컴퓨터공학 교수인 랜디 포시는 마흔여섯에 췌장암 말기 선고를 받았다. 퇴임이 예정된 상황에서 총장의 특별 요청으로 그는 마지막 강의를 하게 되었다. 아내의 끈질긴 반대에도 마지막 강단에 선 이유는 제자들을 위한 것이 아니었다. 너무나 사랑하지만 앞으로 아빠 없이 이 세상을 살아가야 할 세 아이를 위한 강의였다.

그는 약 5개월 남은 시한부 인생을 살고 있었지만, '당신의 어릴 적 꿈을 실현하는 일'이라는 그의 고별 강의는 밝고 긍정적인 모습으로 가득 찼다. 자신이 어린 시절에 가졌던 꿈을 어떻게 이루어왔는지에 대해 특유의 유머 감각으로 청중에게 쉽고 재미있게 전달했다.

그는 "삶을 즐기고 절대 포기하지 말라"라고 당부했다. 잘못했으면 사과하고, 감사하는 마음을 갖고 살 것을 강조했다. 물질적인 부가 아니라 다른 사람들과의 의미 있는 교류를 통해 가치 있는 삶을 살기를 당부했다.

그는 자녀가 자신이 원하는 대로 자라게 하라고 권면한다. "나는 어렸을 때 나의 꿈에 대하여 말을 많이 했기 때문에 사람들은 나에게 자녀에 대한 나의 꿈에 대하여 종종 묻는다. 교수로서 나는 부모들이 자녀에 대해 특별한 꿈을 강요하는 것이 얼마나 파괴적인지를 자주 보아 왔다."

그는 결국 2008년 7월 25일 마흔일곱을 일기로 삶을 마쳤다. 그는 자택에서 눈을 감으면서도 임종을 지켜보는 사람들에게 농담을 건네며 웃음을 잃지 않았다.

누구에게나 인생의 겨울은 다가온다. 춥다고 해서 피해서는 안 된다. 의연하게 인생을 돌아보는 시간을 가져야 한다. 지금까지 걸어온 길을 돌아봐야 한다. 함께 걸어왔던 사람들과 어떻게 지내왔는지도 점검해보고 아팠던 기억들을 떨쳐버리는 것도 필요하다. 지금 떠나도 후회되지 않도록 남을 용서하고 또한 용서를 구해야 한다. 앞으로 남은 시간이 후회스럽지 않게 가치 있고 의미 있는 시간으로 활용해야 한다.

시각장애인이며 백악관 차관보를 지낸 강영우 박사 역시 2011년 11월 말 의사에게 췌장암 말기라는 청천벽력 같은 사형선고를 받았다. 그는 앞으로 살아갈 날이 1개월 정도 남았다는 통보를 받았다. 이제 떠날 날이 거의 다 된 셈이다. 언제 어떻게 이 세상을 떠나게 될지는 아무도 모른다. 그는 웃으면서 말했다.

"죽음은 나쁜 게 아니고 아름다운 세상으로 가기 위한 하나의 과정이라고 확신한다. 나는 68년을 살았다. 65세에 정상적으로 은퇴하는 걸 영광으로 생각해왔다. 그런데 65세에 백악관 차관보로 은퇴했다. 그날 같은 시각에 내 작은아들이 아버지보다 한 단계 높은 자리로 백악관에 들어갔다. 그저 감사할 뿐이다."

죽음이 다가오는 절망 속에 그는 감사를 운운하고 있다. 그는 시한부 선고를 받았을 때 스스로 항암 치료받는 것을 거부했다. 그리고 가족들과 함께 남은 시간을 보내기로 했다. 그에게는 질병도, 죽음도 더 이상 두려움의 대상이 아니었다.

거듭나기

3

두려움

두려움이란 무엇인가

현대인은 최첨단 과학과 의학의 혜택을 누리고 있다. 그럼에도 두려움과 불안은 점점 더 늘어간다. 좋은 소식보다는 나쁘고 불안한 소식을 더 많이 듣는다. 폐쇄된 공간이나 어둠에 대한 두려움, 고소공포증, 공황장애를 앓기도 한다. 어디 그뿐인가? 거절과 거부에 대한 두려움도 있다. 학생들은 시험이 두렵다. 직장인들은 실직에 대한 두려움에 시달린다. 연애하는 사람은 그 사랑이 깨질까봐 두렵다. 많은 사람 앞에 서는 것이 두렵고 자신의 약점이 드러날까봐 두렵다. 괴팍한 직장 상사가 두려우며 경쟁적이고 냉정한 조직 논리가 두렵다. 사람들은 변화를 원하면서도 한편으로는 두려움을 느낀다.

두려움이 엄습할 때마다 어디론가 도망치고 싶다. 사람들은 두려움과 염려 때문에 목표를 향해 마음껏 도전하지 못한다. 자신감이 없기 때문에 앞

에 나서려고도 들지 않는다. 안전한 삶을 추구하기 때문에 모험적인 인생을 살아가지 못한다. 하지만 사실 우리가 두려워하는 일은 대부분 자주 해보지 않아 익숙하지 않은 일일 뿐이다. 따라서 두려움을 극복하는 유일한 방법은 도망치는 것이 아니라 맞서는 것이다. 그리고 한 발 더 가까이 다가가 두려움을 꼭 껴안는 것이다.

샌프란시스코의 명소인 금문교는 길이가 3킬로미터에 달하는 대형 현수교다. 이 다리는 1937년에 완공됐다. 다리 양쪽에는 큰 기둥이 있고 그 기둥에 다리 전체를 매달아 놓았다. 다리가 워낙 크고 높아서 다리 위에서 내려다보면 현기증이 날 정도다.

　실제로 이 다리를 건설하는 도중에 현기증 때문에 인부 다섯 명이 바다로 떨어져 익사하고 말았다. 결국 시 당국에서는 인부들의 희생을 막기 위한 대책을 마련하게 되었다. 철망을 만들어 다리 밑에 깔아두기로 한 것이다. 그 후에는 인부들이 추락하는 사고가 한 건도 없었다고 한다. 떨어져도 죽지 않는다는 안도감 속에서 일한 인부들에게 더 이상 현기증이 발생하지 않은 까닭이다.

　두려움은 능력을 제대로 발휘하지 못하게 방해한다. 수많은 실패가 사실은 두려움에서 시작된다. 아니 한 번 시도해보지도 못한 채 실패한다. 어차피 실패할 바에야 차라리 시도나 해보고 실패하는 쪽이 더 낫지 않은가? 내 마음속에 두려움을 극복할 수 있는 안전 철망을 만들어놓는다면 성공으로 가는 길도 더욱 가까워질 것이다.

　미국의 루스벨트 대통령은 1941년 1월 6일, 의회 연설에서 네 가지 인간의 기본적 자유를 천명했다. 첫째, 언론과 표현의 자유다. 둘째, 모든 사람이 자기 자신에게 맞는 방법으로 신을 예배하는 자유다. 셋째, 결핍으로부터의 자유다. 넷째, 공포로부터의 자유다.

　공포를 느끼지 않는 것은 보장되어야 할 인간의 기본적인 자유인 셈이다. 그러나 현실은 어떠한가? 날이 가면 갈수록 공포가 사라지는 것이 아니라 점점 더 무겁게 우리의 심장을 짓누르고 있다. 심리학자들은 현대인이 느끼는 두려움에는 645가지 종류가 있다고 말한다. 645가지 불안은 크게 여섯 가지로 구분할 수 있다. 첫째, 무력함에 대한 두려움. 둘째, 미래에 대한 두려움. 셋째, 헌신에 대한 두려움. 넷째, 실패에 대한 두려움. 다섯째, 외로움에 대한 두려움. 여섯째, 죽음에 대한 두려움이다.

　존 맥스웰은 "인생은 연과 같다"라고 한다. 강한 바람이 불수록 연은 바람을 타고 더욱 높이 올라간다. 매서운 바람이 분다고 멈칫멈칫할 것이 아니라 더 높은 곳으로 올라가기 위한 기회로 활용해보자. 죽은 물고기는 아래로 떠내려간다. 그러나 살아 있는 물고기는 물살을 가르면서 위로 거슬러 올라간다. 거센 물살이야말로 당신이 살아 있다는 증거며, 더 높은 차원으로 올라가기 위해 예정된 과정이다.

인간 실존을 솔직하게 인정하라

인간은 본래 불완전하고 연약한 존재다. 그래서 실패할 수밖에 없다. 실패하는 것이 오히려 자연스러운 것이다. 완벽한 능력을 갖추고 있다면 얼마나 좋겠는가? 그러나 인간은 신이 아니다. 한계가 있기에 인간이다. 고대 철학자인 플라톤은 행복하기 위한 조건 다섯 가지를 들었다.

첫째, 먹고 입고 살기에 조금은 부족한 듯한 재산.
둘째, 모든 사람이 칭찬하기에는 약간 부족한 외모.
셋째, 자신이 생각하는 것의 절반밖에 인정받지 못하는 명예.
넷째, 남과 겨루어 한 사람은 이겨도 두 사람에게는 질 정도의 체력.
다섯째, 연설했을 때 듣는 사람의 절반 정도만 손뼉을 치는 말솜씨.

결국 행복은 완벽함에서 오는 것이 아니라 부족함에서 온다. 사실 100퍼센트 만족이라는 것은 없다. 적당히 모자란 가운데 그 부족한 부분을 채우기 위해 노력하는 일상적인 삶 속에 행복이 있다. 약간의 부족함이야말로 우리를 편하게 하고 두려움에서 벗어나게 한다.

우리가 두려워하는 이유가 무엇인가? 완벽에 대한 환상이 있기 때문이다. 완벽하지 못하면서도 완벽해야 한다는 강박관념을 갖고 있다. 어떤 일을 하더라도 완벽하게 잘해야 한다고 생각하기에 시작할 엄두도 내지 못한다. 잘해야 한다는 생각은 좋다. 온 힘을 다해서 좋은 작품을 만들어내는 것은 박수를 보낼 만하다. 그러나 잘해낼 수도 있지만 못해낼 수도 있다. 어차피 우리가 걸어가는 삶이 확률 게임이 아닌가? 어느 것이 정답인지 오답인지 잘 모른다.

성공할 확률을 높이기 위해 할 수만 있다면 정밀하게 진단하는 것이 좋다. 세밀한 분석과 전망이 끝난 후라면 주저하지 말고 도전하라. 도전한 후에는 어영부영하지 말고 좋은 결과를 얻기 위해 전력을 기울이라. 노력의 대가로 나타난 결과에 대해서는 그때 가서 처리하면 된다. 실패에 대한 두려움 때문에 도전도 해보지 않고 미리 포기할 필요는 없다.

빅터 프랭클은 "두려움은 두려워하는 것을 현실로 만든다"라고 말했다. 당신이 두려워하는 것은 알고 보면 허상이다. 사람들은 저마다 닥쳐오지 않은 미래에 대한 불안감을 갖고 살기 때문이다.

사실 걱정과 두려움은 당신이 스스로 기르고 있다. 한 체로키 인디언 노인이 손자에게 삶에 대해 가르치고 있었다.

"마음속에서는 늘 싸움이 일어난단다. 너무 끔찍한 싸움이어서 마치 두 마리 늑대가 싸우는 것과도 같단다. 하나는 악마 같은 놈이다. 그놈은 분노,

질투, 슬픔, 후회, 탐욕, 교만, 분개, 자기 연민, 열등감, 허영, 잘난 체 등 자신의 거짓 자아와 같은 것이다. 다른 놈은 선한 놈이지. 이놈은 기쁨, 평화, 사랑, 희망, 친절, 겸손한, 동정심, 관대함, 진실, 연민, 신뢰와 같은 것이다. 이같은 싸움이 네 안에서도 일어나고 모든 사람의 마음속에서도 일어난단다."

할아버지의 말씀을 듣고 있던 손자가 잠시 생각하다가 할아버지에게 물었다.

"할아버지, 그럼 어떤 늑대가 이기나요?"

그러자 체로키 노인은 간단하게 대답했다.

"네가 먹이를 주는 놈이 이긴다."

당신은 염려와 두려움에게 먹이를 주고 있는가? 그렇지 않으면 당당함과 자신감에게 먹이를 주고 있는가? 오직 당신의 선택에 달려 있다.

두려움은 두려움을 받아들이는 자에게 약하다

두려움은 받아들임으로 극복된다. 세계적인 광고회사 옴니콤 그룹의 계열사 DAS의 CEO인 토머스 해리슨은《성공에의 몰입》에서 이렇게 말한다.

"사실 자신의 한계를 극복한 사람들은 두려움을 극복한 것이 아니다. 그들은 오히려 두렵다는 사실을 인정하고 기꺼이 두려움을 받아들임으로써 그것을 최소화할 수 있었다."

정도가 다를 뿐 누구나 변화를 두려워한다. 그 두려움은 사람을 위축시키고 선택을 주저하게 한다. 선택은 두 가지다. 두려움에 굴복함으로써 변화를 포기하고 현상을 유지하려는 편한 삶에 안주할 것인가? 아니면 위험을 감수하고서라도 도전 정신을 발휘해 변화를 시도할 것인가? 안주하는 사람은

실패하지 않을 수 있다. 그러나 발전하지 못한다. 반면 도전하는 사람은 실패할 수 있다. 하지만 새로운 발전의 기회를 잡을 수도 있다.

미국 LA 한인 사회에서 떠도는 말이다. LA 흑인 폭동을 경험한 그곳 한인이 가장 두려워하는 사람은 흑인이다. 반면에 흑인은 멕시칸을 두려워한다. LA에서는 멕시칸이 흑인보다 많고 멕시코 국경과도 가까워서다. 그런 멕시칸이 두려워하는 사람은 월남인이다. 월남인은 나라 패망 후 목숨 걸고 보트를 타고 미국에 건너온 한恨 많은 사람이라서 잘못 건드리면 폭발하기 때문이다. 실제로 LA 월남 갱들은 가장 잔인하기로 소문났다. 그들은 숫자가 적지만 한번 당하면 잔인하게 보복해서 멕시칸들도 그들을 두려워한다. 이런 월남인들이 가장 두려워하는 존재가 누구인지 아는가? 바로 한국인이다. 그들은 월남전에서 한국인들이 극한 상황에서 얼마나 무섭게 변하는지 체험했기에 갱들도 한국인을 건드리면 초상나는 줄 안다.

두려움은 사실보다는 마음에 근거한다. 당신이 만들어낸 마음의 허상인 것이다. 그렇기에 당신은 스스로 마음에 용기를 불어넣을 필요가 있다.

인생의 변하지 않는 가치

　　　　　　　명강사로 소문난 사람이 있었다. 어느 날 그는 수많은 사람이 모인 세미나에서 열변을 토하고 있었다. 그러다 그 강사는 갑자기 호주머니에서 100달러짜리 지폐 한 장을 높이 쳐들고 말했다.
　"여러분, 이 돈을 갖고 싶나요? 어디 이 돈을 갖고 싶은 사람 손 한번 들어보십시오."
　그러자 세미나에 참석한 사람 대부분이 손을 들었다. 강사는 계속해서 말을 이었다.
　"저는 여러분 중에 한 사람에게 이 돈을 드릴 생각입니다. 하지만 먼저 제 손을 주목해 주시기 바랍니다."
　그러더니 갑자기 쳐들었던 100달러를 손으로 이리저리 마구 구겼다. 그리고 말했다.

"여러분, 아직도 이 지폐를 가지기를 원하십니까?"

사람들은 갑작스러운 강사의 행동에 놀랐다. 그러면서도 거의 모든 사람이 손을 들었다. 강사는 이번에는 그 지폐를 땅바닥에 던지고 구둣발로 밟고 더럽혔다. 땅바닥에 떨어진 구겨지고 더러워진 지폐를 들고 아직도 그 돈을 갖고 싶은지 물었다.

역시 사람들 대부분이 손을 들었다. 이때 강사는 힘찬 어조로 다음과 같은 결론을 내렸다.

"제가 아무리 100달러짜리 지폐를 마구 구기고 발로 짓밟고 더럽게 했을지라도 그 가치는 전혀 줄어들지 않습니다. 100달러짜리 지폐는 항상 100달러어치 가치가 있는 것입니다. 여러분도 인생이라는 무대에서 여러 번 바닥에 떨어지고 밟히고 더러질 때가 있습니다. 실패라는 이름으로 또는 패배라는 이름으로 겪게 되는 그 아픔들. 그런 아픔을 겪게 되면 사람들은 대부분 자신이 쓸모없는 사람이라고 평가절하 합니다. 하지만 놀라운 사실은 당신이 실패하는 한이 있더라도 당신의 가치는 여전하다는 것입니다. 마치 구겨지고 짓밟혀도 여전히 자신의 가치를 가지고 있는 이 지폐처럼 말입니다."

두려움이 찾아올 때마다 자신의 가치를 기억하라. 비록 남보다 나은 구석이 없는 것 같아 나서기가 두려울지라도 자신만의 가치는 변하지 않는다. 자신을 존중할 줄 아는 사람은 두려움의 노예로 살아가지 않는다.

헨리 포드가 하는 말을 들어보라. "미래를 두려워하고 실패를 두려워하는 사람은 활동을 제한받아 손도 발도 움직일 수 없게 된다." 베스트셀러《부자 아빠 가난한 아빠》에서 로버트 기요사키는 이렇게 말한다. "부자의 길이 따로 있고, 가난의 길이 따로 있다." 가난한 사람들은 가난한 이유가 있고, 부자도 부자가 되는 이유가 있다는 말이다. 그 차이점 중 하나는 바로 두려움을 대하는 자세다.

보통 가난한 사람은 실패를 두려워한다. 상당한 부자가 될 수 있는 능력이 있고 힘이 있는데도 실패할까 두려워서, 망하면 어떡할까 겁이 나서 도전하지 않고 걱정만 한다. 살아가면서 겪게 되는 여러 가지 고난 그 자체보다 더 무서운 것은 두려워하는 마음이다. 원수는 우리 마음에 두려움을 주입해 우리를 죽이고 멸망시키려고 압력을 가한다. 그러나 실패라는 것은 별로 두려워할 것이 못 된다. 오히려 이전보다 더 풍부한 지식으로 다시 일을 시작할 좋은 기회일 뿐이다.

성공적인 인생의 비결이 무엇인가? 좋은 환경을 가지는 것인가? 든든한 백그라운드인가? 인생을 살아가는 동안 든든한 인맥을 구축하는 것도 중요하다. 그러나 더 중요한 것은 자신감이다. 자신의 능력과 잠재력을 신뢰하는 자는 두려워하지 않는다.

2009년 8월 17일 제주 야생마 양용은이 골프 황제 타이거 우즈를 잡았다. 양용은은 역전으로 우즈를 꺾고 아시아인으로는 처음으로 미국 프로 골프PGA 메이저 대회에서 우승을 했다. PGA 투어 통산 70승에, 메이저 대회 14승에 빛나는 우즈는 특히 메이저 대회 최종일에서 열네 번 선두로 나서 모두 우승컵을 들어 올린 역전 불허의 사나이다.

양용은은 2타차로 뒤진 채 그라운드를 시작했다. 그러나 그는 자신감을 잃지 않았다. 상대방의 능력에 눌려 자신의 능력을 과소평가하지도 않았다. 그는 시종 공격적인 플레이를 펼친 끝에 결국 세계 랭킹 1위인 우즈를 압도했다.

그는 언제나 순탄한 길보다는 험하고 먼 길을 선택했다. 세계 최고의 골퍼. 그것이 그의 꿈이었지만 현실은 그리 순탄하지 않았다. 숱한 고난이 가로막아도 결코 좌절하지 않았다. 야생마, 바람의 아들이라는 별명처럼 언제나 다시 일어났다. 시련과 도전을 자양분 삼아 마침내 아시아에서는 아무도 오르지 못한 자리에 우뚝 섰다. 그리고 말했다.

"정말로 힘들었다. 험하고 먼 길을 돌아갔지만 이제는 보람을 느낀다."

영혼을 훈련해야 한다

　　　　　　명문 대학을 졸업하고 대기업에 취직한 청년이 있었다. 그는 직장 생활을 시작하면서 자신이 여러 면에서 부족하다는 사실을 절감했다. 경험과 전문 지식도 부족했다. 그에게 주어지는 업무들을 완벽하게 처리해낼 자신이 없었다. 자신감을 잃고 나자 까다로운 업무는 감히 나서서 처리할 생각조차 할 수 없었다. 혹여 실수로 일을 망쳤다가 명문대 출신이라는 자부심마저 깨질까봐 매사에 전전긍긍하며 몸을 사렸다. 시간이 지나면서 점차 상사로부터 신뢰를 잃게 된 청년은 회사 내 잡다한 심부름을 도맡게 되었다. 결국 그는 회사에서 가장 뛰어난 학력을 갖췄음에도 가장 무능한 직원으로 낙인찍히고 말았다.

　뱀의 독성은 삽시간에 온몸으로 퍼진다. 두려움도 그렇다. 초기에 잡지 못하면 공포로, 절망으로, 죽음으로 몰고 간다. 두려움은 영혼을 훈련시키는 초청장이다. 두려움은 고통을 수반하지만 반복되는 고통은 영혼을 훈련시킨다. 두려움은 영혼의 훈련 앞에 무릎을 꿇는다.

펄 벅은 소설 《대지》로 노벨 문학상을 받았다. 그러나 그에게는 자폐증을 앓는 딸이 있었다. 딸을 모델로 쓴 소설 《자라지 않는 아이》에서 그는 이렇게 말했다. "차라리 캐롤이 죽는 게 나을지도 모르겠다. 죽으면 다 끝나지 않는가. 어쩌면 캐롤에게는 그게 더 행복한 일일지도 모른다. 그 아이의 모습을 있는 그대로 받아들이기까지 내가 겪었던 기대와 실망, 고통은 또 얼마였는지……." 그러나 엄마는 결코 딸을 포기하지 않았다. "딸아이를 통해 인간의 존엄성을 다시 생각하게 된다. 지능만으로는 참된 인간이 될 수 없다. 캐롤이 없었다면, 나는 나보다 못한 사람을 얕보는 허영과 오만 속에 빠져 살았을 것이다. 나는 내 딸을 자라지 않는 아이로 만들어버린 이 세상과 끝까지 맞설 것이다."

두려움은 아무도 해치지 못한다

헨크 프레델링이라는 네덜란드의 전직 장관이 있다. 그는 제2차 세계대전 때 네덜란드 저항군으로 활동했는데 어느 날 위험천만한 작전에 투입되었다. 양말 속에 독일 잠수함 기지에 대한 정보를 담은 문서를 숨긴 채 기차에 오르게 된 것이다. 그런데 도중에 기차가 멈췄다. 독일군이 검문을 위해 기차 안으로 들어오는 것이 보였다. 두려움이 엄습했다.

그는 수십 년이 지난 후에도 당시의 공포를 생생히 기억했다. "기차 한 칸 한 칸을 뒤지며 다가오는 독일군의 모습, 기차 칸막이 문을 세차게 닫는 소리, 저벅저벅 들려오는 독일군의 군화 소리 이 모든 것이 생생하다."

드디어 그들이 프레델링이 탄 칸에 들이닥쳤다. 그의 얼굴은 두려움으로 사색이 되었다. 바로 그때 기차 창밖을 보게 되었다. 너무도 푸른 하늘이

보였다. 성경 말씀 한 구절이 떠올랐다. "내가 사망의 음침한 골짜기로 다닐지라도 해를 두려워하지 않을 것은 주께서 나와 함께하심이라."(시편 23:4) 프레델링은 그 순간을 이렇게 기록했다. "갑자기 무서움이 사라졌습니다. 두려움의 사슬에서 풀려난 것입니다. 그래서 나는 이렇게 생각했습니다. '올 테면 오라! 그들이 내게 무슨 짓을 하겠는가?'"

두려움이 엄습할 때 의지할 곳이 없다면 우리를 도우실 절대자를 의지하자. 연약한 인간의 마음을 강하게 만드실 것이다. 올 테면 오라는 배짱이 생길 것이다. 그래서 마틴 루서 킹은 말했다. "공포가 노크할 때 믿음으로 문을 열면 문밖에는 아무것도 없다."

미국 역사에서 1950년대는 인종 간 갈등과 시민 인권 운동이 일던 초창기였다. 당시 빌리 그레이엄의 사역은 급속하게 성장했다. 북부와 서부에서 그의 강연을 듣기 위해 많은 군중이 모였다.

그런데 남부에서는 상황이 좀 달랐다. 집회를 준비하는 사람이 청중을 흑인과 백인으로 따로 모이게 했다. 이전에는 그런 모임에 백인만이 참석할 수 있었기 때문이다. 빌리 그레이엄은 흑인과 백인을 강제로 한곳에 모이게 하거나 강제로 분리하는 것에 반대하는 중립 지대를 만들려고 애썼지만 성사되지 않았다.

그러던 어느 날 미시시피 주 잭슨에서 십자군 집회가 열리게 되었다. 미시시피 주지사는 흑인과 백인을 나누어 집회를 하자고 제안했다. 하지만 빌리 그레이엄은 동의하지 않았다. 그래서 그는 메시지를 시작하기 직전에 흑인과 백인을 양쪽으로 분리했던 밧줄을 향해 걸어가 그것을 거둬버렸다. 그리고 단 위로 올라가서 말했다.

"인종차별에는 그 어떤 성경적 근거도 없으며 교회 안에선 더욱 안 됩니다."

이 강력한 몸짓은 그의 사역에서 중요한 분수령이 되었다.

그는 모든 인권 운동가가 그랬던 것처럼, 인종차별 철폐에 대한 자신의 견해 때문에 엄청난 비난을 받았다. 빌리 그레이엄이 그 밧줄을 없앤 순간, 그의 모든 사역은 무너질 수도 있었다. 그는 하나님을 두려워하거나 아니면 사람을 두려워해야 하는 순간에 처했다. 결국 그는 하나님께 순종하는 길을 선택했다.

핸디캡에 주목하는 인생을 살 것인가

핸디캡handicap은 남들보다 불리한 조건을 말한다. 핸디캡 때문에 열등감에 휩싸여 힘들어하는 사람들이 많다.

"난 왜 이렇게 생겼는지 몰라."
"난 너무 머리가 나빠."
"난 남들에 비해 학벌이 좋지 못해서 안 돼."
"내 성격은 왜 이런지 몰라. 왜 나는 내성적이고 수줍음을 잘 타는 사람으로 태어났지?"
"말을 좀 조리 있게 했으면 좋겠어. 난 왜 이렇게 말을 못하지?"
"집안 배경이 형편없어서 내 인생에 도움이 되지 않아."

다른 사람들에 비해 당신이 가지고 있는 불리한 조건은 무엇인가? 그렇다면 '불리한 조건=불행'이라는 공식이 정설인가? 불리한 조건을 가지면 패배할 수밖에 없는가?

일반적으로 핸디캡이 있는 사람은 열등감에 휩싸인다. 괜히 주눅이 들어 있고, 부끄러워하고, 당당하게 나서지 못한다. 그래서 자꾸 숨기려고 하고 움츠러든다. 결국 패배자가 될 수밖에 없다.

그러나 우리 주변에는 핸디캡을 갖고서도 당당하게 일어선 사람들이 많다. 마음만 병들지 않으면 핸디캡은 얼마든지 극복할 수 있다. 오히려 핸디캡 때문에 또 다른 인생의 문이 열릴 수도 있다.

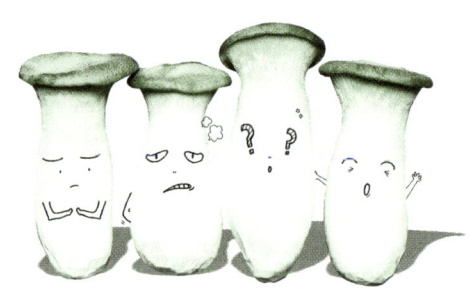

장점에 주목하면 인생이 달라진다

다른 사람들보다 불리한 조건에 처했다는 사실이 썩 유쾌한 일은 아니다. 의기소침해질 수도 있고 열등감에 빠질 수도 있다. 말을 조리 있게 못 한다거나, 말 자체를 잘 못 하는 사람들을 보라. 그들은 사람들과 어울리기를 피한다. 또 사람들이 많이 모이는 곳에 나오는 것도 꺼린다. 상대방이 말을 못 알아들으니 짜증이 나고 커뮤니케이션이 되지 않기 때문이다. 그런가 하면 발톱이 못생겨서 수영장에 가는 것을 부담스러워하는 사람도 있다. 또 기계에 다쳐서 한쪽 팔을 잃은 사람은 매사에 신경질적인 반응을 보였다.

핸디캡은 사람을 위축시키는 것이 사실이다. 하지만 '나만 왜 이렇지?'

라고 생각하는 것은 자격지심일 뿐이다.

　사람이 어떤 것에 주목하느냐는 매우 중요하다. 단점에 주목하는 사람과 자신의 장점을 찾아 열정을 쏟는 이에게 다가올 결과는 다르다. 장점에 주목하는 사람은 언젠가 아름다운 결과물을 얻게 된다. 우리가 주목하고 관심을 두는 것이 무엇인가에 따라 삶의 열매는 달라진다.

　스탠리 스타인은 한센병에 눈까지 멀어 앞을 볼 수 없었다. 절망적인 인생이었다. 그가 스스로 생각하기에도 기대가 되지 않는 인생이었다. 그래서 자신의 처지를 비관하면서 살았다. 그러던 어느 날 이런 생각을 하게 되었다.
　'내게 남은 것으로 무엇을 할 수 있을까?'
　그는 우선 자신에게 무엇이 남아 있는지 살펴보았다. 그랬더니 아직 많은 것이 남아 있다는 사실을 깨달았다. 특별히 그에게는 건강한 정신이 남아 있었다. 건강한 정신이 있다는 것은 매우 중요했다. 그때부터 그는 작가가 되기로 했다. 쉬지 않고 습작을 하며 실력을 갈고닦았다.
　마침내 그는 《이제는 외롭지 않다》라는 책을 쓰게 되었다. 그는 음악을 들으면서 책을 쓰는 시간이 가장 행복했다. 자신의 생각을 책으로 쓰고, 음

악을 들으면서 여생을 보내는 자신이야말로 누구보다도 행복한 사람이라고 여겼다.

사람들이 스탠리 스타인에게 물었다.

"그렇게 행복하게 사는 비결이 무엇입니까?"

그는 자신 있게 말했다.

"나는 내가 잃어버린 것을 슬퍼하거나 불행하다고 생각하지 않았습니다. 다만 내가 가지고 있는 장점으로 무엇을 할 것인가를 생각하고 그대로 실천했을 뿐입니다."

구태여 단점에 주목할 이유는 없다. 크나큰 단점이 있을지라도, 남들에 비해 조건이 불리할지라도 자신만이 가진 장점이 있고 유리한 조건들도 있는 법이다. 그것에 주목해 장점을 계발하고 자신이 잘할 수 있는 것을 더 잘하게 된다면 훨씬 더 나은 인생을 살 수 있다. 김연아, 박지성, 강수진도 자신이 잘할 수 있는 것을 계발하는 데 성공해 세계적인 스타가 되었다. 흉측한 그들의 발은 장점에 주목하고 더 나은 인생을 개척한 사람만이 가질 수 있는 노력의 상징이 되어 우리에게 감동을 불러일으키고 있다.

콤플렉스는 우리를 일어서게 한다

영국의 시인 존 밀턴은 눈이 멀었음에도 《실낙원》이라는 역작을 썼다.

뉴턴은 절름발이였음에도 만유인력의 법칙을 발견했다.

베토벤은 귀가 들리지 않은 상황에서도 불후의 명곡을 남겼다.

르누아르는 양손이 관절 류머티즘에 걸렸지만 아름다운 그림을 그렸다.

축구 선수 박지성은 평발이었지만 프리미어리거로 활약하며 세계적인 스타가 되었다.

모차르트는 막대한 빚을 진 채 병마와 싸우면서도 〈레퀴엠〉의 마지막 곡과 오페라를 작곡했다.

슈베르트는 평생 가난에 허덕이며 32년이라는 짧은 생애를 살았지만 많은 명곡을 남겼다.

    헨델은 죽음이 가까웠음을 알리는 손발의 저림이 찾아왔을 때, 절망감과 고통에 시달리면서도 〈메시아〉라는 명곡을 작곡했다.

    헬렌 켈러는 보지도 듣지도 말하지도 못하는 삼중고를 당하면서도 인문학 박사, 법학 박사의 칭호를 받고, 한평생 장애인들을 위해 지칠 줄 모르는 봉사를 했다.

    에디슨은 11만 번이나 실험에 실패했지만 전등, 축음기, 영화 등 발명품

3,500여 종을 개발했다.

    스타인메츠는 곱사등이였지만 세계 최고의 전기공학자가 되었다.

    파스칼은 폐결핵에 걸렸지만 위대한 사상가가 되었다.

    찰스 다윈은 이렇게 말한다. "만약 몸이 약하지 않았다면 그렇게 커다란 일을 하지는 못했을 것입니다." 심각한 핸디캡을 가지고도 정상에 올라선 사람들이 많다. 아니 오히려 안정된 직장에서 평온한 삶을 살았을 때 성공에 대한 욕망도 줄어들게 되는 경우가 많다. 역경과 불행이 더 많은 동기부여를 하며, 인생 전체를 놓고 볼 때 이득일 수 있다는 것이다. 살아남기 위해 늘 생각해야 하며 먹고살기 위해 끊임없이 몸을 움직여야 하기 때문이다. 결국 그들은 현명해지며 남들보다 뛰어난 체력을 갖게 된다. 핸디캡이 있는 사람들이 화려한 날개를 펴는 이유다.

    2002년 한일 월드컵 4강 신화의 주역 홍명보는 말한다. "콤플렉스가 없었다면 이 자리에 있을 수 없었을 것입니다." 그는 광희중학교에 다니던 시절 키가 150센티미터에 불과했다. 동북고등학교에 입학해서도 160센티미터 정도로 또래보다 작았다. 고려대학교에서는 후배들에게 밀려 미드필더에서 최종 수비수가 됐다.

그러나 그는 신체적인 핸디캡을 극복하기 위해 밤새 공을 찼다. 피땀 흘려 노력한 결과 그에게는 영원한 리베로란 별명이 붙었고 아시아를 넘어 세계적인 수비수가 됐다. 그는 자신 있게 말한다. "콤플렉스를 발전의 계기로 삼아 열심히 노력한다면 기회를 잡을 수 있습니다."

지금 당신에게 없는 것을 주목하면서 한탄하지 말자. 당신이 가지고 있고, 할 수 있는 것으로 무엇을 할 것인가만 생각하자. 단점이 당신을 주눅 들게 하였다면 장점은 당신을 당당하게 해줄 것이다.

단점은 승패를 결정하지 못한다

조지 바이런은 영국이 낳은 세계적인 낭만파 시인이다. 런던의 귀족 집안에서 태어난 그는 얼굴은 잘생겼지만 심각한 콤플렉스를 가지고 있었다. 다리가 휘어 평생 다리를 절며 살아야 했던 것이다. 하지만 그는 어려서부터 특출한 글재주를 보였다. 케임브리지대학에 입학하여 역사와 문학을 전공하고 1807년 시집 《게으른 나날》을 발표했다. 그러나 작품에 대한 평판은 썩 좋지 않았다.

대학을 졸업하고 나서는 무질서한 생활을 했다. 그러던 중 유럽으로 여행을 떠나게 되었고 여행에서 돌아와 견문기 《차일드 해럴드의 편력》을 출간했다. 이 책으로 그는 일약 유명 작가가 되었다. 그가 쓴 서사시 《해적》은 하루에 3만 부나 팔렸다. 그때 바이런은 이런 말을 했다고 한다. "자고 일어

났더니 유명해져 있더라." 그는 계속하여 《라라》,《돈 후안》 등 유명 작품을 계속 발표했고 결국 19세기 낭만파를 대표하는 시인이 되었다. 항상 그리스 문화를 사랑했던 그는 1823년 그리스 독립전쟁에 참여해 독립군에게 사기를 북돋아주었는데 〈오늘 나는 36세가 되었다〉라는 시를 마지막으로 말라리아 병에 걸려 세상을 떠났다.

그는 다리를 절었지만 언제나 자기 자신을 노래하고 자유분방한 시를 썼다. '런던 사교계의 총아'로 불리며 자유롭게 살다 간 낭만주의자였다. 저는 다리 때문에 불평하고 살 필요가 없었다. 자유롭지 못한 다리는 그가 가진 장점인 넓은 문학 세계에서는 아무런 문제가 되지 않았다.

　　승패를 좌지우지하는 것은 우리가 가진 단점이 아니다. 장점을 어떻게 살리느냐가 성공과 실패를 결정한다. 불리한 조건에서도 장점을 살리면 얼마든지 승리할 수 있다. 미국 하버드대학교 정치학 교수인 이반 어렝귄토프트는 지난 200년 동안 세계에서 벌어진 다윗(약소국)과 골리앗(강대국)의 전쟁을 분석했다. 인구와 군사력에서 열 배 이상 차이가 난 전쟁들이 연구 대상이었다. 분석 결과 골리앗의 승률은 71.5퍼센트였다. 하지만 기존의 전쟁 룰을 따르지 않은 싸움을 분석해보니 오히려 다윗이 63.6퍼센트라는 승률을 기록했다. 1951년 베트남 독립군의 프랑스군 격퇴, 미국의 조지 워싱턴이 영국과 벌인 독립전쟁 등이 이에 속한다.

　　사람들이 만들어놓은 공식에 얽매일 필요는 없다. 성공은 기존의 공식을 깨뜨리고 새로운 공식을 만드는 사람을 좋아한다. 유리한 조건은 생존경쟁에 분명히 도움이 되지만 절대적이지는 않다는 점을 늘 기억해야 한다.

이 또한 지나가리라

고통의 순간이 오면 누구나 괴로움에 몸부림친다. 그러다 더 이상 참기 어려운 순간이 오면 차라리 눈을 감고 나면 얼마나 편할까 하는 생각에 마지막 하직 인사를 하고 싶은 욕구마저 생긴다. 그런데 인생을 그렇게 간단하게 접을 수 있다면 이 세상에 존재할 사람은 아무도 없을 것이다. 인생은 아무리 고통스러운 순간에도 반드시 책임져야 할 그 무엇이 존재하는 것이다.

작가 이문열은 《사색》이라는 책에서 이렇게 말한다. "나는 어렵고 힘든 삶의 고비를 넘길 때마다 속으로 중얼거리곤 했다. '나는 지금 내 전기의 가장 어두운 부분을 쓰고 있다.'" 모든 사람은 자기 인생의 전기를 써나가고 있는 작가다. 비록 대중성은 없을지 모르지만, 자신이 쓰고 있는 전기는 가장 아름다운 작품으로 세상에 선보이게 될 것이다. 전기를 써나가는 동안 때로

는 어둡고 칙칙한 페이지를 써 내려갈 수도 있다. 인생의 고비를 넘기기가 너무나 어려워 이런저런 생각으로 망설이기도 한다. 하지만 그 망설임의 페이지가 내 인생의 전기에서 가장 흥미진진한 부분이 될 것이다.

참기 어려운 고난의 시기에 잊지 말아야 할 사실이 있다. 이것도 결국 지나간다는 사실이다. 유대인의 지혜를 담은 《미드라시》에 이런 이야기가 있다.

다윗은 전쟁에 능한 왕이다. 어느 날 전쟁에서 승리한 기념으로 반지를 만들고 싶어했다. 그래서 궁중의 세공인에게 명령했다.

"나의 승리를 기념하기 위한 아름다운 반지를 하나 만들라. 반지에는 내가 큰 승리를 거둬 기쁨을 억제치 못할 때 그것을 조절할 수 있는 글귀를 새기도록 하라. 또한 그 글귀는 내가 큰 절망에 빠졌을 때 용기를 줄 수 있는 글귀여야 하느니라."

세공인은 왕의 명령대로 아름다운 반지를 만들었다. 그런데 고민에 빠지고 말았다. '기쁨을 절제할 수 있으면서 동시에 절망을 극복할 수 있는 글귀가 도대체 무엇이란 말인가?' 몇 날 며칠을 고민하던 세공인은 해답을 찾지 못하다가 결국 지혜롭다고 소문난 솔로몬 왕자에게 찾아가서 도움을 청

했다.

"왕자님, 왕의 큰 기쁨을 절제케 하는 동시에 크게 절망했을 때 용기를 줄 수 있는 글귀라면 어떤 것이 있을까요?"

솔로몬 왕자가 말했다.

"이 글귀를 넣으시오. '이 또한 지나가리라.' 승리에 도취한 순간에 왕이 그 글을 보면 곧 자만심이 가라앉을 것이고, 동시에 왕이 절망에 빠졌을 때 그 글을 보게 되면 이내 큰 용기를 얻을 것이오."

"이 또한 지나가리라."

반지에 이 글귀를 새겨서 왕에게 바친 세공인은 큰 상을 받았다.

고난의 순간도, 영광의 순간도 결국 다 지나간다. 내일을 알 수 없고 미래를 장담할 수 없는 나그네는 겸손할 필요가 있다. 참기 어려운 고통이라도 감내해야 한다. 우리는 아무리 즐겁고 고통스러운 시간이라도 그 속에 영원히 머물러 있을 수 없다는 사실을 경험적으로 알고 있다.

이유는 나중에 알아도 늦지 않다

한 소년이 축구 시합에서 골키퍼로 열심히 뛰다가 코너킥으로 날아온 공에 눈을 맞고 쓰러졌다. 그 후 그는 앞을 보지 못하게 되었고 그것도 모자라 홀어머니와 누나마저 세상을 떠났다. 세상을 비관한 그는 죽으려고까지 했다. 그런 그가 고통을 이겨내고 자신의 역할 모델로 삼은 인물이 있었다. 대학 재학 중 실명했지만 훗날 일본 맹인 복지의 선구자가 된 이와하시 다케오다.

"네게 없는 한 가지 때문에 낙심하지 말고, 네가 가진 열 가지에 감사하라"라는 그의 말은 소년의 마음에 깊이 새겨졌다. 그는 마음을 가다듬고 열심히 공부했다. 맹아학교를 나오고, 연세대학교 교육학과를 차석으로 졸업했다. 미국 피츠버그대학에서 박사학위까지 받았다. 바로 강영우 박사의 이

야기다. 지금은 고인이 되었지만, 2001년 미국 부시 대통령은 그를 백악관 장애인 정책보좌관으로 임명했고 그의 아들들은 현재 미국 사회의 엘리트로 살아가고 있다.

　　아무리 지혜로운 사람도 세상을 다 이해할 수는 없다. 세상은 다 이해하며 사는 곳이 아니다. 이해하기 어려워도 살다보면 언젠가는 이해하게 된다. 설령 그 언젠가가 오지 않더라도 그 자체로 소중한 경험이 될 수 있다.
　　고난을 당할 당시에는 숨통을 죄여오는 듯한 어려운 문제로 느껴진다.

그러나 그 순간만 지나고 나면 별것 아닌 것처럼 생각된다. 한때는 눈물로 얼룩졌던 날들이 나중에는 아름다운 이야깃거리로 바뀌는 날이 다가오는 법이다.

아무리 지혜로운 사람이라도, 아무리 선하게 사는 사람이라도 고난은 비켜가지 않는다. '나만 왜 이런 고통을' 이란 생각이 들겠지만 그 언젠가 그 이유를 알게될 날이 올 것이다.

제2차 세계대전 중 해럴드 러셀이라는 공수부대원이 전투에 나갔다가 포탄에 맞아 두 팔을 잃었다. '나는 이제 쓸모없는 고깃덩어리가 되었구나.' 그는 극심한 좌절에 빠졌다.

실의에 빠져 하루하루를 살아가던 어느 날이었다. 문득 '그래도 잃은 것보다 가진 것이 더 많지 않은가' 라는 생각이 들었다. 의사는 그에게 의수를 만들어주었다. 그것으로 그는 글을 쓰고 타자도 치기 시작했다. 그의 이야기는 영화로 제작되었고 직접 불구자의 모습으로 출연해 온 힘을 다해 연기했다. 그해 그는 이 영화로 아카데미 남우 조연상과 특별상을 탔다. 바로 제19회 아카데미 작품상에 빛나는 〈우리 생애 최고의 해〉다. 상금은 상이용사를 위해 기부했다.

한 기자가 찾아와서 그에게 물었다. "당신의 신체적인 조건이 당신을 절망케 하지 않았습니까?" 그러자 그는 당당하게 대답했다. "아닙니다. 육체적인 장애는 저에게 도리어 가장 큰 축복이 되었습니다. 잃어버린 것을 계산할 것이 아니라 남아 있는 것을 생각하고 하나님께 감사하며 잘 사용할 때 잃은 것의 열 배를 보상받습니다."

고통스러운 현실 속에서 모든 것을 다 이해하지 않아도 된다. 세월이 흐르다보면 이해할 수 없었던 일들도 자연스레 이해될 때가 있다. 고통스러운 현실에만 집착하다보면 희망이 보이지 않는다. 좀 더 멀리 보고 생각하라. 인생이란 아무리 고통스러워도 살 만한 가치가 있다.

우리는 고통이 시작되면 하던 일을 멈추려 한다. 그러나 하던 일은 고통이 멎을 때까지 계속해야 한다. 고난을 이기는 유일한 길은 고난을 기쁨으로 받아들이는 것이다.

내가 살아갈 이유

고난이 덮쳐오면 마음이 위축된다. 마음이 위축되다보면 생각이 꼬이고 병들게 된다. 인생의 적신호다. 삶이란 당연히 휘파람 부는 날도 있고, 찬바람에 몸과 마음이 움츠러드는 날도 있지 않은가? 중요한 것은 시리도록 아픈 날, 살아야 할 이유를 발견하는 것이다. 살아야 할 이유만 발견하면 어떤 고난 속에서도 너끈히 견딜 수 있기 때문이다.

《인간 의미 추구》의 저자 빅터 프랭클 박사는 아우슈비츠 수용소에서 살아남은 몇 안 되는 생존자 중 한 사람이다. 그는 독일계 유대인이자 정신과 의사로 수만 명이 학살당한 곳에서 보란 듯이 살아남았다. 아우슈비츠 수용소는 소름 끼치도록 열악한 환경이었다. 의료 시설조차 없는 그곳에서 동료 유대인들이 숱하게 죽어갔다. 하지만 그는 죽음을 이겨냈다.

지긋지긋한 전쟁이 끝났다. 수용소에서 석방된 그는 사람들에게 이런 질문을 자주 받았다. "어떻게 해서 그 지옥 같은 곳에서 살아날 수 있었는가?" "다른 사람들이 갖고 있지 않은 어떤 능력이 있었기 때문인가?" 사람들은 그토록 처참한 환경 속에서 그가 생존할 수 있었던 이유가 궁금했다. 그러자 프랭클은 대답했다.

"어떤 마음 자세를 갖는가는 내 선택에 달린 일임을 나는 항상 기억하고 있었다. 난 절망을 선택할 수도 있고 희망을 선택할 수도 있었다. 하지만 희망을 선택하기 위해선 내가 간절히 원하는 것에 정신을 집중할 필요가 있다. 난 내 아내의 손에 생각을 집중했다. 그 손을 한 번만 더 잡아보고 싶었다. 한 번만 더 아내의 눈을 바라보고 싶었다. 우리가 한 번 더 껴안을 수 있고, 가슴과 가슴을 맞댈 수 있기를 난 간절히 원했다. 그것이 내 생명을 일 초 일 초 연장해주었다."

프랭클 박사는 아우슈비츠 수용소에 갇힌 다른 포로들보다 에너지가 더 많았던 것도 아니다. 그에게 배급되는 음식은 국 한 그릇에 완두콩 한 알일 때가 더 많았다. 그러니 그는 자신에게 닥친 불행에 질망하는 일에 쓸모없이 에너지를 소모하지 않았다. 대신 그는 단 한 가지 목표에 마음을 쏟았다. 자기 자신에게 살아남아야 할 이유를 끊임없이 심어주었다. 그리고 그 이유에 온 정신을 집중함으로써 그는 실제로 살아남을 수 있었다.

　　인간이라는 종 자체의 가치는 크지 않다. 그러나 인간에게는 그 이상의 의미가 있다. 인간에게는 돈으로 환산할 수 없는 정신과 영혼의 세계가 있다. 이 세상에 하나밖에 없는 유일한 존재다. 그를 사랑하는 수많은 사람이 그를 주시하고 있다. 어디 그뿐인가? 그가 사랑해주어야 할 수많은 사람이 그의 사랑을 애타게 기다리고 있다. 그러니 함부로 사지로 걸어갈 수 없는 존재다.

　　내가 살아야 할 이유는 나만이 지닌 가치 때문이다. 아무도 살아 줄 수 없는 나의 삶이 있다. 사랑해야 할 소중한 사람들이 있다. 그리고 그들과 함께 만들어야 할 아름다운 이야깃거리가 있다.

고생스러운
　삶 속에
인생의
　의미가 있다

　　　　　　　한 젊은이가 골수암으로 한쪽 다리를 잘랐다. 그는 자신의 처지를 증오했다. 누구와도 대화를 나누려고 하지 않았다. 그러다가 상담과 그림 치료를 병행하는 의사를 만나게 되었다. 그때부터 그는 달라지기 시작했다.

　치료를 받으면서 젊은이는 비슷한 처지에 놓인 환자를 방문해 위로하기 시작했다. 한 번은 유방암으로 가슴을 들어낸 환자를 찾아갔다. 그녀는 삶의 의욕을 잃은 채 하루하루를 의미 없이 보내고 있었다. 젊은이는 그녀를 위로해야겠다는 생각에 간호사가 켜 놓은 라디오 음악에 맞춰 춤을 췄다. 의족을 풀고 한쪽 다리로 춤추는 모습을 본 환자는 드디어 웃음을 터뜨렸다. 그리고 그녀는 이렇게 말했다.

"당신이 춤을 추면 나는 노래를 부를 수 있어요."

이렇게 변화된 삶을 살아가던 젊은이가 치료를 받은 지 1년을 지난 어느 날이었다. 젊은이와 대화를 나누던 의사는 그 젊은이가 치료받기 전에 그렸던 항아리 그림을 꺼냈다. 그 항아리는 잔뜩 금이 가 있는 그림이었다. 젊은이는 그 그림을 한참 바라보더니 입을 열었다.

"이 그림은 아직 미완성입니다. 이 갈라진 틈이 보이시죠? 여기서 빛이 나오는 겁니다."

그리고는 노란색 크레용으로 항아리 틈에서 눈부시게 새어 나오는 빛을 그리기 시작했다. 예전에 그는 깨진 항아리와 같은 모습이었다. 그러나 이제는 깨진 항아리에서 나오는 빛을 발견한 것이다.

고난은 희망을 발견하게 해준다. 고난이 없다면 우리는 구태여 희망을 발견할 필요성을 느끼지 못할 수도 있다. 옛말에 "젊어서 고생은 사서도 한다"라고 했다. 우리는 이렇게 말해야 한다. "선善을 위해서는 사서도 고생을 한다." 고생하지 않으려고 하면 의미 있는 일을 할 수 없다. 개인적인 성공을 위해서이기도 하지만 인생을 멋지게 살아가는 사람은 희망을 찾고 가치 있는 일을 하기 위해 사서 고생을 한다. 개인의 영달이 아니라 공동체의 희망을 위해서다. 가치 있는 일을 위해서는 욕을 얻어먹을 수도 있다. "내가 욕을 먹으면서까지 이 일을 해야 하나?" 하는 생각이 들 때도 있다. 그러나 공동체 역시 그런 고난을 통해 더욱 건강해진다는 사실을 기억해야 한다.

인생의 고도를 높이자

훌륭한 인물 배후에는 위대한 어머니가 있기 마련이다. 존 F. 케네디 역시 예외는 아니다. 케네디가의 대모大母 로즈 케네디 여사는 기쁨과 슬픔이 교차한 삶을 살다가 104세를 일기로 타계했다.

로즈 여사는 남편 조셉과의 사이에 4남 5녀를 두었다. 유명한 대통령의 어머니면서 상원 의원을 두 명이나 길러냈으니 가히 영광스러운 일생이었다고 할 수 있다.

그러나 그 영광 뒤에는 엄청난 고통과 비극이 감춰져 있다. 그녀는 자녀를 네 명이나 먼저 저세상으로 앞서 보내는 아픔을 겪었다. 장남 조셉 P. 케네디는 해군 조종사로 제2차 세계대전에 참전했다가 전사했다. 4년 후에는 차녀 캐슬린이 항공기 사고로 죽었다. 1963년에는 차남인 존 F. 케네디 대통령이 암살됐고, 그로부터 5년 후에는 삼남 로버트 F. 케네디 상원 의원마저

암살당했다.

그래서 로즈 여사의 생애를 두고 사람들은 '영광과 비극의 삶'을 넘나들었다고 말한다. 그런 로즈 여사는 비극을 당할 때마다 이렇게 말했다고 한다. "새들도 폭풍이 멎으면 다시 노래하는데, 사람인 우리가 그렇게 하지 못할 이유가 무엇인가?"

성공적인 인생을 산 사람들의 공통적인 특징은 고난을 겪은 후에 더욱 강해졌다는 사실이다. 믿음을 가진 우리는 시련의 밤중에도 노래하며 감사할 수 있다. 그래서 위대한 목회자 찰스 스펄전은 이렇게 말한다. "밤중에 부르는 노래는 오직 하나님으로부터만 온다. 한밤중의 노래는 인간의 능력 안에 있지 않다."

1974년 칼리 사이먼은 〈고통에 빠질 시간이 없습니다〉라는 노래를 불렀다. 가사는 이렇다. "나는 고통에 빠질 시간도 없고, 고통에 빠질 여지도 없고, 고통에 빠질 필요도 없습니다. 고통은 내가 살아 있다는 것을 느끼게 해 주는 유일한 것이었습니다."

고난의 시기에 자신의 인생을 더 가치 있는 삶으로 우뚝 세우기 위해서는 영적 고도를 높여야 한다. 비행기는 이륙하고 착륙할 때가 가장 위험하다. 비행기가 이륙한 지 대략 4~10분이 지나면 비행 고도가 10,000피트(약 3킬로미터)를 넘어선다. 그러면 어느 정도 안정적인 고도를 확보하게 된다. 기류에 별 이상이 없다면, 그때부터 승객들은 안전띠를 풀고 기내를 걸어 다니거나 화장실을 갈 수 있다. 승무원들도 승객들 편의를 위해 서빙을 한다.

인생도 마찬가지다. 이륙할 때는 힘이 든다. 그런데 어느 정도 고도를 높이고 나면 아주 편안하게 운항한다. 그리고 주변을 보면 너무나 아름답다.

자, 이제 인생의 고도를 높이자. 어려운 일들을 많이 겪고 그것을 이겨낸 사람들은 어지간한 어려움에는 눈도 깜빡하지 않는다. 그리고 영적 고도를 높이자. 그러면 웬만한 일은 문제로 다가오지도 않는다.

고승덕 변호사는 이렇게 말한다. "세상은 절대적으로 잘하는 사람을 원하지도 필요로 하지도 않는다. 그냥 남보다 조금만 더 잘하면 된다. 그런데 다른 사람보다 잘하고 있는지 아닌지를 어떻게 판단하느냐? 그것은 남보다 좀 더 하는 것이다. 인간은 다 거기서 거기다. 내가 하고 싶은 만큼만 하고 그 선에서 멈추면 남들도 그 선에서 멈춘다. 그러므로 남들보다 약간의 괴로움이 추가되었을 때라야 비로소 노력이란 것을 했다고 할 수 있다."

괴로움 없이 무엇인가를 이루려 하지 말자. 고통 없는 성장을 꿈꾸지 말자. 고통은 당신의 인생을 한층 높은 차원으로 이끌어갈 것이다.

고통을 대하는 자세

비구름이 몰아치는 악천후 뒤에 우리는 청명한 날씨를 경험한다. 자녀들이 성장통을 겪고 나면 부쩍 성장해 있는 것을 본다. 불경기를 겪고 나서야 비로소 호경기를 실감할 수 있다.

변화와 성장을 위해서는 고통이야말로 필수과목이다. 인생에는 속성 과정이 없다. 고난의 터널을 지나지 않고는 영광의 그날을 맞을 수 없다. 곤충도 애벌레에서 번데기가 되고, 번데기가 되어서도 며칠에서 몇 년 동안 인내하는 고통을 겪어야만 화려한 날갯짓을 할 수 있다. 부화하는 달걀에서 병아리가 나오는 고통이 힘들다고 거들어주었다가는 병아리를 죽이게 된다. 고통스러운 과정을 겪으면서 병아리는 세상을 살아갈 힘을 얻게 된다. 인간도 마찬가지다. 고통의 세월이 없이는 세상을 살아갈 힘을 축적할 수 없다.

　네 손가락 피아니스트인 이희아는 선천성 사지 기형 1급 장애인으로 양손에 손가락이 두 개씩밖에 없다. 무릎 아래로 다리도 없고 지능도 낮다. 그래서 사람들은 모두 피아노를 치는 것이 불가능하다고 말했다. 그러나 그녀의 어머니는 여섯 살 때 피아노를 시작하게 한 후 딸이 연습을 포기하지 않도록 도왔다.

　새벽과 오후로 나누어 하루 10시간 이상씩 연습했다. 손끝에는 물집이 잡히고 몸살을 앓는 와중에도 포기하지 않았다. 마침내 그녀는 세계에서 유일한 네 손가락 피아니스트가 되었다. 이제 그녀는 장애인들에게는 희망을 주고, 비장애인들에게는 삶의 의미를 되돌아보게 하는 살아 있는 감동이 되었다. 불가능을 희망으로 바꾼 그녀의 끝없는 도전이야말로 창조적 고통이 아닐 수 없다.

성공하려면 실패의 고통을 즐겨야 한다. 부자가 되려면 절약의 고통을 즐겨야 한다. 이해하려면 경청의 고통을 즐겨야 한다. 우등생이 되려면 학습의 고통을 즐겨야 한다. 다이어트에 성공하려면 운동과 금식의 고통을 즐겨야 한다.

상담심리학자 폴 투르니에는 이렇게 조언한다.

"고통은 그 자체로는 결코 이로운 것이 아니며 늘 싸워야 하는 대상이다. 중요한 것은 그 사람이 시련 앞에서 어떻게 반응하는가 하는 것이다. 그것은 인격적 존재의 문제, 곧 인생과 그 변화에 대한 개인적 태도의 문제다."

그는 고통 자체는 창조적인 것이 아니지만 고통 없이는 창조적인 사람이 되기 어렵다고 말한다. 그렇게 볼 때 모든 상실과 고통은 창조성을 캐내기 위한 특별한 기회다. 그는 자신이 고아였다는 사실이 큰 불행이라고 믿어왔는데 말년에 인생을 돌아보니 오히려 가장 큰 행운이었다고 말한다.

고통은 불편하기는 하나 불필요한 것은 아니다. 고통에는 뜻이 있다. 고통을 피하지 않고 맞서면 인생의 양념이 될 수 있다. 성공과 실패는 어디까지나 고통을 대하는 자신의 태도에 달려 있다.